爱上学的小快快

——博士妈妈的育儿散记

浙江工商大学出版社
ZHEJIANG GONGSHANG UNIVERSITY PRESS

图书在版编目（CIP）数据

爱上学的小快快：博士妈妈的育儿散记／郑春霞著 .
— 杭州：浙江工商大学出版社，2016.10（2018.4 重印）
ISBN 978-7-5178-1845-8

Ⅰ.①爱… Ⅱ.①郑… Ⅲ.①小学生- 家庭教育
Ⅳ.① G782

中国版本图书馆 CIP 数据核字 (2016) 第 237290 号

爱上学的小快快
——博士妈妈的育儿散记

郑春霞　著

出 品 人	鲍观明	
责任编辑	沈　娴	
封面设计	Joyce	
插　　画	Joyce	
责任印制	包建辉	
出版发行	浙江工商大学出版社	
	（杭州市教工路198号　邮政编码 310012）	
	（E-mail：zjgsupress@163.com）	
	（网址：http://www.zjgsupress.com）	
	电话：0571-88904980, 88831806（传真）	
排　　版	墨芊工作室	
印　　刷	杭州广育爱多印务有限公司	
开　　本	880 mm×1230 mm　1/32	
印　　张	9.375	
字　　数	164千	
版 印 次	2016 年 10 月第 1 版　2018 年 4 月第 2 次印刷	
书　　号	ISBN 978-7-5178-1845-8	
定　　价	30.00元	

序一

谈话间，教育无声浸润

郑春霞是我的大学同学，我们二十年前就认识。同年级，不同班，交流不多，却对她印象深刻。春霞爱笑，只要走过她的身边，总能听到她爽朗的笑声。这笑声，有着极强的感染力，余音绕梁般，至今还在我的心间回旋。我那时就想，如此阳光率性、活力四射的春霞，无论走到哪里，都会是一个发光发亮的人，会给周围的人带去欢乐。

大学里的春霞，是个文艺青年，活跃在各种与文学、电影有关的活动现场。我与她很少交集，也因为如此，我对她的文学才情，只是时有耳闻，却未曾真正领略。

没有想到，毕业这么多年之后，我们又在儿童文学的世界里相遇。这一次奇妙的重逢，让我有机会通过文字，再次认识春霞。

都说文如其人,春霞的文字,素朴醇厚中透着俏皮与灵动,跳跃着似乎永远都停留在青春时代的新鲜与活力,这也是大学时代她留给我的主要印象。

与此同时,我又在字里行间看见了春霞身为人母后的模样。那是一个母亲与一个教育研究者、教育实践者共同叠加而成的丰富形象,是我过去不曾了解的。我喜欢她的率真与可爱,更欣赏她的开阔与睿智。在我看来,春霞身上有一种与生俱来的能力,她能够将源自母亲的教育本能和天分,与研究、实践所产生的思考力和行动力自然融合,使整个育儿过程显得既妙趣横生,又润物无声。

在新书《爱上学的小快快》中,春霞依然延续了《中国妈妈的亲子课》《卡通老妈》的写作风格,以她最擅长的对话方式,生动地记录了儿子快快成长的点滴。通过这本书,我更加全面地看到了春霞在育儿方面的理念与才华。

阅读过程中,我一边感受着亲子对话间的天然妙趣,一边在心里吸收和消化,同时思考这样一个问题:快快有着如此令人惊叹的语言表达能力,完全是天生所得吗?后天的教育和开发起到了多大的作用呢?

当一个孩子能够充分表达自己的时候,我们往往从表象评价说,这个孩子有着极好的语言表达能力。从深层次来看,这其实反映了孩子愿意向世界敞开心灵的一种状态。孩子有

自己的想法，他们愿意向别人表达这些想法，这种来自内心的能力和愿望，与外在的表达能力相比较，更值得我们珍视。

那么，我们该如何让孩子学会充分地表达自己呢？方法有很多，比如鼓励他们上课积极发言，给他们提供在人前说话的机会，让他们参加一些语言类的竞赛，等等。这些正是许多老师和父母都在努力做的事情。但是，在这个过程中，我们有可能忽视了一个问题，那就是，我们这些大人，有没有真正做到好好听孩子说话？

回想一下，当孩子带着热切的心，在你面前表达自己的时候，你可曾有过这样的反应：你假装在听，但根本没有听进去；你直接打断孩子说话，因为他们连话都说不清楚；孩子一旦没有按你的思路说话，你马上予以否定。

假如我们常常以这样的态度和方式回应孩子，孩子就会渐渐收起他们的心，闭上他们的嘴。突然有一天，你就会发现，曾经那个在你面前叽叽喳喳的孩子不见了，他（她）变得少言寡语。

这时候，我们又会下结论说，这可能是因为孩子正在经历青春期，或者他们根本就是不善言辞。我们很少会因此而反省自己，不知道孩子之所以这样，是因为我们没有用足够的爱心和耐心去听他们说话，于是他们干脆在大人面前关上了通往心灵的那扇窗。

在与孩子相处的过程中善于倾听和交流，这是建立良好亲子关系的重要基础。而且，只要我们好好听孩子说话，孩子的表达能力通常都会比较好。

春霞一定深谙这其中的道理，她那么在意一个孩子所说的话，那么执着而努力地为快快创造说话的机会，并且利用各种情境激发他言说的热情。父母与孩子间的谈话，看起来是那么平常的一件事，然而每天坚持，日复一日，却能成为情感交流和教育引导的有效途径。

春霞把这一日日的谈话内容记录下来，将它们串联在一起构成一本书，她的生花妙笔，产生了化碎片为整体、化平凡为绚烂的神奇魔力，使微不足道的日常生活变得光彩夺目。我相信，快快的能说会道，除天赋之外，也归功于父母为他提供的自由表达的开放空间。而在这自然顺畅的交流过程中，父母的话语，也便无声浸润到孩子的心中。这样的教育方式，值得我们借鉴。

今天是中秋节，天上没有月亮，窗外的雨还在下个不停。我想起了春霞在书中记录的那个月圆之夜。快快问，月亮里面有什么？围绕这个问题，一家人从嫦娥、玉兔和吴刚，说到西西弗斯、夸父逐日，最后说到尘世的幸福。

如此跳跃的话题，在广阔的视野中包含了对恒久价值观的追问，既有着童话的情调，又体现了现实的精神。这诗意与哲思相融的丰富意趣，让我感动，使我难忘。我以为，春霞在传

统与现代之间、本土与西方之间找到了教育理念的平衡点，并以自己的教育实践，对何为"言传身教"做出了极好的注解。

最后，借这个美好的节日，祝愿春霞一家永远幸福和美！

钱淑英

2016 年 9 月 15 日于浙师大丽泽花园

钱淑英，文学博士，浙江师范大学儿童文学研究所副所长、人文学院副教授。

我的妈妈有点傻

　　我的妈妈是一位老师，也是一位作家。

　　从我会说话开始，妈妈就跟在我屁股后头记啊记，一旦我说了什么妙语，她就如获至宝，高兴得不得了。一个劲儿地夸我说得好，扑过来抱我、亲我。

　　后来，我上小学了，妈妈每天都让我说学校里发生的事情给她听，还把我在家里发生的事情统统都记下来。

　　通常我们在家里是这样的：晚饭过后，去江边散步。散步回来，爸爸练书法，妈妈开始写作，我就在小书房里看书、写作业。世界安静极了，仿佛就只有我们三个人。

　　有时候呢，我们家又很热闹。我和妈妈唱摇滚，戴着墨镜，在家里开party，high得不行。我们一边唱，一边跳，还一边笑，躺在地板上打滚。妈妈喜欢听我傻笑，就是那种小孩子才有的

开心极了的时候所发出来的傻憨憨的笑。妈妈叫我再笑一遍，我就再笑一遍，叫我再笑一遍，我又再笑一遍。妈妈还学我笑，我们比谁笑得更傻。别人见了我们这样，一定会以为我们是疯子。可是我和妈妈却十分享受这样的生活。爸爸喜欢安静，但也不反对我们疯。我们有时候也会把爸爸拉下水，哈哈。

到了寒暑假，我们就疯狂地出去玩。什么黄山，什么长城，什么三清山，什么维多利亚港，我都玩过，写下的游记更是数不胜数。

妈妈说，就是要让我玩个饱，玩个透，让我的童年满满的都是玩。这样我学习的时候，就会更加努力了。因为我玩过了，不亏了，学习起来也更有劲儿。玩出来的孩子电量足、灵感多，像野生的鱼儿鲜活乱跳、聪明伶俐。

好吧，我承认她说得没错。宇宙无敌的傻妈妈，因为她也是这么玩大的。她说她自己小时候整天在沙滩上捉螃蟹，现在想起来都觉得很富有、很开心。

妈妈还喜欢闻我穿过的衣服，说只有小孩才有那样的香味。我喜欢坐在妈妈膝盖上，还帮妈妈梳头发。妈妈会烧各种各样好吃的菜，妈妈还让我点菜，我想吃什么菜，妈妈都能做出来。妈妈还让我点诗，我在吃早餐的时候，点一首自己喜欢的诗，妈妈就会朗诵给我听。等我吃完早餐，听完朗诵，爸爸就会送我到学校去。在去学校的路上，爸爸还会给我讲一段历史故事。

我爱学校，也爱老师和同学。每天去上学，我都会带去满怀的好心情，每天放学，又带回满怀的好心情。我也会把学校里发生的有趣的事情告诉父母。

学校是一个安静的地方，也是一个欢乐的地方，每一个同学都会展现不一样的风采。我在学校里经常把自己带去的食物跟同学们分享，他们也待我很好。

我还在学校里练武术，一练就是五个年头。每天早晚各一个小时。老师一开始没选上我，妈妈也不同意我练。我央求了老师一个学期，老师才同意让我加入学校武术队。妈妈说：一、不许偷懒；二、不能影响学习。如果做不到，就不许练。事实证明，我一次都没有偷懒，还多次参加了省里的武术锦标赛，获得金牌和银牌。我喜欢吃苦，因为吃苦能拿奖牌。

我们一家人都爱写作，妈妈不但自己不停地写，还让我也坚持写。老师也给我们布置了"每日一写"，我每天都写几百字，坚持下来，也有不少字了。

现在我也要出书了，我的新书——《元素传奇》，写的是一个元素战队为了保卫自己的家园而与敌人浴血奋战的故事。书里充满了奇幻色彩，到时候欢迎大家阅读哦！

我爱爸爸妈妈，爸爸妈妈也爱我。我的妈妈有点可爱有点傻。谢谢妈妈，把我的点点滴滴都记了下来，才有了这本《爱

上学的小快快》。妈妈在怀着我的时候，已经预备好我上学后调皮捣蛋、逃学厌学。然后她会把我领回家，用她自己独创的教材，在家里教我。没想到，原来我这么爱上学。

　　本来就是嘛，我觉得上学很快乐，每天都有那么多有趣好玩的事情，还有老师的关爱和表扬，同学们的深情和厚意。希望你看了这本书，也更加爱上学哦！谢谢大家！

陈快意

2016 年 9 月 26 日于杭州

目录

目录

第一辑

快快的学习生活

要上小学啦

"妈妈,妈妈,小学是怎么样的呢?"

"小学好玩不好玩?"

"小学的老师是不是个子更高一点呢?"

"小学里的操场是不是有好几个幼儿园那么大呢?"

"妈妈,你的小学是怎么样的呢?"

刚从幼儿园光荣毕业的小快快,在漫长的暑假里,几乎每一天都在不停地问这些怎么问也问不完的问题。

我知道,他很憧憬他的小学生活,这对他来说,是一段活蹦乱跳、新鲜极了的还没有到来的生活。

我似乎被他点亮了。我亮着眼睛对他说:"小学可好了,妈妈真想再读一回小学呢!"

于是,在我不断的回忆之中,他听得呆住了:

1983 年，供销社里只有两种凉鞋卖。一种是碧绿色的、透明的，脚背上还带着一根吊链；另一种是紫色小花的。要上一年级了，全身都是新的。凉鞋，妈妈选择了碧绿色的那一款。

第二天去上学，班里的女同学，一半穿的是碧绿色的凉鞋，一半穿的是紫色小花的凉鞋。妈妈的同学有着好听的名字：罗嫣、董琼、陈莺莺、张一冰……

下课了，我们一起跳皮筋或者玩老鹰抓小鸡。母鸡带着小鸡满操场跑。

妈妈要当老鹰，可妈妈从来没有抓到过一只小鸡。妈妈说："太难了，太难了！"

妈妈要当小鸡。等妈妈当了小鸡，又老是被抓到。那妈妈就又去当母鸡，可妈妈总是保护不了自己的那些小鸡。妈妈嚷嚷着："不玩了，不玩了。"老鹰说："好吧，你跟着就行，我抓其他小鸡。"

如果下雨，就在教室里，做东南西北玩。东三下，罚立正；南五下，有糖吃；西六下，你是小狗；北一下，我是小狗。

每天有一毛钱的零花钱，妈妈就到校门口买绞子糖吃，买草糊冻吃，买海蛳吃。

中午放学了，是回家吃的饭。午睡才不肯睡呢，到山

上摘苗（野草莓）吃。

尽管也有那么多的语文作业和数学作业，但妈妈一点都不讨厌它们，妈妈也一点都不偏科。

因为妈妈成绩好，人们总是说，你看某人的囡多认真，一边看电视还一边写作业。而其他孩子成绩差，人们就这样说他：读书这么不认真，作业也不好好写，还要一边看电视。

我们都在院子里看电视，整个院子里坐了几十号人。这是我们村里唯一的电视机，是外公家的，轮到好的电视节目，就搬到院子里，大家一起看。那时候电视就一个台，有很高很高的天线。

放的是《射雕英雄传》"依稀往梦似曾见，心内波澜现，抛开世事断仇怨，相伴到天边。"

旁边有人问："他们在唱什么呀？越剧不像越剧。"

另一人回答："听说是奥语。"多年以后，妈妈才知道，所谓的"奥语"是"粤语"，广东话的意思。

快快就在我对 1983 年的回忆之中，开始了对小学生活的美好憧憬。

我们做了足足三天的准备：米奇书包、米奇铅笔盒、米奇橡皮擦、米奇尺子、米奇铅笔卷，还有米奇铅笔。

快快说："还应该有一块手表,蓝色的,透明的,戴在左手。"

我说："这样你上课都要看手表了,还是不买的好。"

他说："妈妈,我不会去看的。表嘛,有什么好看的,只是看一下时间而已。"

好吧,他说得也有道理。好像读小学就代表着长大了,长大了就要有标志性的装扮。

然后我们还买了书皮,准备书发下来的时候包书用。书皮好看得很,还很便宜。

一到小商品市场,人就招呼了："买书皮是吧? 一年级是吧? 一年级就十本书,大的六本,小的四本。还有两本练习本不用书皮的。"

于是,我们买走了六张大书皮,四张小书皮。正面都是透明的,里面都是喜羊羊的图案。

我背上快快的书包,又一次喃喃道："真想再读一回小学啊。"快快一把抢过书包,自己背了起来。看起来就是一个像模像样的小学生了呀!

我跟快快说："上课要好好听老师的,听到没有? 中午在学校里,要好好休息,听到没有? 中午饭要吃完,点心也要吃完,妈妈都交过钱的,听到没有? 还有啊,回家第一件事情是什么,记住没有?"

"写作业!"快快非常肯定地回答。

　　"那写作业的时候,能不能一边写作业,一边看电视呢?"
我还是惴惴啊。

　　"当然不可以啦。"快快这样子回答,我终于放下心来。

　　今天,小学生快快终于走进了无限向往的小学课堂。

　　他跟我说:"妈妈,小学真的真的很好玩! 小学的操场好
大呀。还有一个小花园和小菜园。"

　　有点小挑食的他把饭菜还有点心全吃光了,因为"我妈
妈交过钱的,不吃就是浪费"。

　　但午休的时候,他趴在小桌子上睡不着,所以回来就早早
地睡了。他跟我说,妈妈,早点睡,明天还要上学呢,老师要教
aoe 了。

什么都想学

放学回家,快快跟我嚷嚷:"妈妈,妈妈,校长到我们班级来了!"

"来干什么了?"

"来教我们写书法。"

他们校长是一位书法家,全校学生都跟着练书法。

快快骄傲地总结:"我跟校长有三个相同之处。一、我姓陈,他也姓陈;二、他会写书法,我也会;三、我们是同一个学校的。"

我暗笑不已,忙说:"是,是,是。"

接着,他摊开笔墨练书法。一边写,一边跟我说:"妈妈,这是悬针竖,就像一枚针,从上面悬挂下来。要写得稳,要写得直。妈妈,这是垂露竖,就像一滴露水滴下来,长圆形的,很饱

满。"他煞有介事地教导我。

哦，原来"中"的那一竖就是悬针竖，而"个"的最后一笔就是垂露竖。我们小时候真没学到过这么美妙的学问，不知道笔画还有这么好听的名称。

他爸爸回来后，父子俩一块儿写，写到乐而忘时、茶饭不思。爸爸写了四幅字，让他当小评委，选出一幅最好的。他竟背着小手，认认真真地看起来。

一会儿，快快用小手点点第一幅中的一个"又"字，对我们说："这个字写得太霸道了，其他字怎么办？"

又点点第二幅中的一个字，问："怎么回事啊，没墨了？这么淡，不均匀。"哇哦，说得挺到位的。

接着，又道："第三幅，有点意思了。第四幅么，总的来说，还不够流畅。"

他爸一个劲亲他，夸他有眼光。我说，给你们两个白馒头，你们就蘸着墨汁当晚饭好了。

他爸跟他说："好好写字，不愁没饭吃哦。"

父子俩又写开了，还讨论起什么颜筋柳骨、横细竖粗。

饭后快快又去参加"小歌手"培训班。

他爱唱歌，还总结出"每一首歌都是先温柔再疯狂"这样高深的理论。我告诉他前面是铺垫后面是高潮，他告诉我前面是说事情后面是抒发感情。哇,我发现我还是说不过他。

他说:"妈妈,你看,就像《母亲》这首歌'你入学的新书包有人给你拿,你雨中的花折伞有人给你打,你爱吃的那三鲜儿馅有人给你包,你委屈的泪花有人给你擦',到这里都是说事情的,都是说母亲为孩子做的事情。后面你看:'啊,这个人就是娘,啊,这个人就是妈,这个人给了我生命,给我一个家。啊,不管你多富有,不论你官多大,到什么时候都不能忘,咱的妈。'这些就是抒发感情,就是对母亲的感恩。"

我点头称赞他,他淡然一笑。

过几天,他又报了学校武术队。几天下来,劈腿又腰练马步,也有了点样子。不知他对武术又有何高见,于是我向他讨教了一下。

他看向远处,目光悠远。继而转过头来,对我说:"武术么,是一种精神。"

我还期待下文,不想他言尽意止。我忙说:"厉害,厉害。"

他抱拳说:"承让,承让。"

晚上回来,还要跟爸爸下五子棋。下着下着,眼看就输了,于是耍赖皮。

他说:"谁规定非得是五子棋呢?现在我们重新规定一下,

改成六子棋。谁先下满六颗谁就赢。"

眼看六子也要输了,他又改成七子,七子改八子,八子改九子,九子改十子。到最后,改成他排满五颗就赢,爸爸要排满十颗才能赢。

总算是赢了一局,他高兴地假装对着镜头高声道:"小朋友们,你们一定要记住:只要坚持,就一定会赢哦!"

杂七杂八学这么多,我怕他把学习落下了。他说:"别担心,我都当小队长了。我有十三个兵。在军棋里面,我就是一个排长。"

我说:"哇,太厉害了,妈妈从来都没有当过小队长。"

他忙道:"所以呀……"

我笑道:"我只当过大队长。"他不高兴了。我学他的腔调跟他说:"小朋友们,你们一定要记住:只要坚持,就一定会赢哦!" 他扑哧笑了。

练武术练得累了,小呼噜响起一串串。还听见他说了一句梦话:"我是小队长。"

要是张老师做我妈妈就好了

快快托着小腮,看着远方,轻轻咕哝:"要是张老师做我妈妈就好了。"

"你在说什么?"差不多同一时间,我尖叫起来。

他不好意思地笑了笑,不说话了。

我只得压低声音,把自己调回温柔状态:"哪个张老师?"

快快仍有顾虑,但还是说了:"音乐老师。"

"比妈妈漂亮?"

"差不多。"

"比妈妈温柔?"

"也差不多。"

呵呵,他留了一手。一般情况下,若是不相上下的话,他当然会说"我妈妈漂亮,我妈妈温柔"。现在,显然是"妈妈"

比音乐老师差得远了去了。

"音乐老师怎么漂亮呢?"我得继续问下去。

"那种漂亮,妈妈,我跟你说——"他倒是来劲了。

"她的影子都那么漂亮。"

"什么影子啊?"

"她给我们弹钢琴,钢琴上会有她的影子。"

"影子怎么美呢?"

"她的睫毛很长很长,一闪一闪的。"

"还有呢?"

"她的手尖尖的,很长很长。"

"再还有呢?"

"她的背很挺很挺,坐得很端正。"

"再还有呢?"

"她的头发乌黑乌黑的,也很长很长。"

"这么说你是喜欢长头发,不喜欢妈妈短头发啰?"

"这个嘛,也是另一种漂亮。"

"说真话!"

"喜欢长头发。"

"为什么呀?"

"女生当然要长头发啦。不然,短头发的不就是男生啊?"

"那音乐老师穿什么呀?"

"当然穿裙子。每天都穿裙子。"

"这么说不穿裙子的都不是女生啰。"

"也可以这么说。"

"那你也希望妈妈每天都穿裙子呀。"

"谁不希望自己的妈妈每天都穿裙子呢。"

"那音乐老师怎么温柔呢?"

"她总是微笑呀。不说话也微笑,说话也微笑。我们唱错了,她也不批评,唱对了,就表扬。"

"你们喜欢这样的老师?"

"难道还喜欢生气的老师啊。"

我又接不上话了。"妈妈很凶是吧? 这个要管你,那个要管你。"

"管我是为了我好。"

"但实际上你不喜欢,对吧?"

"管得温柔一点,就更好了。"

呵呵,我吸了一口气。

接着,他开始憧憬他未来的公主。

"如果跟音乐老师长得一模一样就好了。然后我们手拉手,在大海边,一起捡贝壳。海风把她的帽子吹走了——"

"然后你就帮她捡回来,对吗?"

"那不然怎样啊?"他反问道。

他继续憧憬："她穿着粉红色的裙子,那种婚纱一样的,拖起来很长很长的。"

"那谁帮你们烧饭呢?"我有点听不下去了。

"妈妈。"

"谁帮你们洗衣服?"

"妈妈。"

我一下子瘫倒在那儿,嚷嚷着："你想得美!"

快快把憧憬的目光收回来,不解地问："妈妈,你不是很喜欢做饭和洗衣服的吗?"

好吧,我……喜欢……

家长开放日（1）

快快告诉我："妈妈,明天是家长开放日,你一定一定要来哦。"说完就埋下头去,很认真地读课文,预习生字生词。

第二天,我去了。家长已经坐满了教室,每个家长都坐在自己孩子的旁边。

这是一堂语文课。上的内容是《两只小狮子》:

狮子妈妈生下了两只小狮子。

一只小狮子整天练习滚、扑、撕、咬,非常刻苦。另一只却懒洋洋地晒太阳,什么也不干。

一棵小树问懒狮子:"你怎么不学点儿本领啊?"

懒狮子抬起头来,慢吞吞地说:"我才不去吃那苦头呢!"

小树说:"那你以后怎样生活呢?"

懒狮子说:"我爸爸和妈妈是林中的大王,凭着他们的地

位,我会生活得很好!"

这话被狮子妈妈听到了,她对懒狮子说:"孩子,将来我们老了,不在了,你靠谁呢?你也应该学会生活的本领,做一只真正的狮子!"

老师带领全班同学通读了一遍,大家读得都很好,很整齐,也很有感情。

老师问:"这篇课文讲的是一个什么故事呢?"

大家纷纷举手,都把手举得高高的。

一个同学说:"说的是两只小狮子,一只勤快,一只偷懒。我们要向勤快的狮子学习,不能向偷懒的那只狮子学习。"

一个同学说:"说的是狮子妈妈是怎么教小狮子的。"

一个同学说:"说的是不吃苦就不能学会生活的本领。"

一个大高个男生站起来,大大咧咧地回答:"说的是官二代、富二代要自己勤劳致富,不能老是靠父母。如果靠父母,父母老了就帮不了你了。"说得全部家长哄堂大笑。

老师又问:"勤快的小狮子每天都在做什么事情,懒惰的小狮子每天又在做什么事情呢?"

大家又纷纷举手。

这回快快终于轮到了,他站起来,回答道:"勤快的小狮子每天练习,懒惰的小狮子每天晒晒太阳什么也不干。"

老师问:"勤快的小狮子每天练习什么呢?"

同学回答："滚、扑、撕、咬这些动作。"

老师问："为什么要练习这些动作呢?"

这时候举手的同学并不多,老师又叫了快快回答。

快快站起来说："因为作为一只狮子,躲开敌人的时候,就要滚;看见猎物的时候,就要扑过去;吃的时候,要把肉撕开,用嘴巴咬开。"

老师表扬他回答得好,在他语文书上画了一颗星,他很得意地看了看我,我示意他认真听课。

接着,老师继续提问:"大家找找看,作者描写了懒狮子的哪些神态?"

快快又率先举手,站起来说:"我知道!是'懒洋洋'和'慢吞吞',这两个词语都是 ABB 型的词语。像'红彤彤''黄澄澄',都是这样的词语。"

老师又给他画了一颗星。我暗笑他太爱表现了。

接下去是学习生字生词的写法。老师在黑板上的"田字格"里示范,让同学们说说看每个生字的特点是什么。

说了个"练习"的"练"字。

一个同学说:"这个字是绞丝旁。"

又一个同学说:"这个字是左右结构。"

还有同学说:"如果换掉绞丝旁,变成提手旁,就变成'挑挑拣拣'的'拣'。"

又一个同学说:"如果换成火字旁,就是'锻炼'的'炼'。"

老师表扬了这些同学。大家都回答得淋漓极致的时候,我发现快快又举起了手。这难道还有什么好说的吗?

老师微笑着叫了他的名字,只见他慢悠悠地站起来,相当淡定地回答道:"这个字左窄右宽。在写的时候,左边的空格应该让点给右边。"全班家长给他掌声,老师又给他画了一颗五角星。

他怎么都知道"左窄右宽"了,我没有跟他说起过呀。想了想，应该是他爸爸给他讲书法，说起字形结构的时候，他听进去了，记住了，今天就派上用场了。嗯，学了知识能即兴发挥应当表扬。

老师又领着同学们读了一遍课文。全班同学又自由朗读了几遍。接下去是课本剧表演。一个同学扮演狮子妈妈，一个同学扮演勤狮子，一个同学扮演懒狮子，还有一个同学扮演小树，老师念旁白。同学们又踊跃举手，大家都要来试试。老师叫了好几组，这些孩子都表演得有模有样的，神气活现，把家长们都逗笑了。

快快没轮上，心里痒痒的。他用胳膊碰了碰同桌，示意他站起来跟自己一起表演。可是同桌很胆小，一次都没有举过手。快快小声嘟哝着："真是的，有什么好怕的。"我也鼓励他同桌，但他同桌把头埋得更深了。

随着下课铃声响起，一堂别开生面的开放课结束了。

快快跟我说："妈妈，一点意思都没有。我不想跟他同桌了。每次叫他举手都不敢，成绩还那么差。"

我马上制止他："一堂课，就数你回答最多了。老师叫了你八次。以后心里知道的也不一定就要马上表达出来，也要把机会让给其他同学。你是班里的小干部，老师让你跟他坐，是为了让你帮助他。你不但要管好自己，也要管好同桌。这样，你就会越来越有本领，越来越有能力。不但有学习的能力，还有

管理的能力。"

回到家,我又跟他说:"我今天一过去,还没上课之前,你的同桌就悄悄跟我说,阿姨,我带了一个苹果给快快吃。你看,同桌对你多好呀,你怎么可以嫌弃他呢?"

快快托着下巴,琢磨着:"妈妈,怎么才能把他管好呢?"

家长开放日（2）

又到了家长开放日的时间。教室里会准备许多小凳子，每个家长坐在自己孩子的座位旁边，跟自己的孩子一同上课。当然家长只要听课就可以了，不需要举手回答，也不能提示自己的孩子。其实，我觉得更开放一点也不错，家长也参与其中，作为学生的一员，也可以参与回答，这样的课堂不那么可控，但是相当自由，也会有智慧的火花闪现。

等我到了快快教室的时候，家长们已经来得差不多了。

孩子们都很兴奋，快快还拿了课间水果给我吃。我让他坐好，别那么激动。突然觉得跟自己的孩子就像同学一样，有一下子又回到小学的感觉。

上课铃声是儿童歌曲《春天在哪里》，真好听。铃声响完之后，是眼保健操。好久没有做眼保健操了呢，我也跟着孩子

们一起做起来。做完之后,眼睛清亮了好多。之后,就听到了一堂生动的数学课。

在我们的印象之中,数学比起语文来,相对枯燥和刻板。数学不就是数字与数字,图形与图形之间的关系吗?

但是如果用一种很直观又形象的例子来讲数学,那么就会发现数学里面藏着很多耐人寻味的东西。小学二年级的数学课会上些什么内容呢?我们都静悄悄地聆听。

数学老师是一位柔声细气的女孩子,讲解耐心,口齿清楚,没有多余的废话,具备一位数学老师应该具有的理性、客观的品性,以及清晰、灵活的逻辑推理能力。

她今天讲的内容是:循环排列规律。

她先是在黑板上写了几排数字。第一排是 1,2,3,4;第二排是 2,3,4,1;第三排是 3,4,1,2;第四排是 4,1,2,3。然后问:"这些数字有什么规律?"

孩子们纷纷举手。有些说,它们斜着看,是一样的;有些说,在第一位的数字到最后跑到了最后一位,而最后一位数字到最后来到了第一位;有些说,这些数字在很有规律地运动,他们运动的速度是一样的。

老师继续让同学们思考。

这时候快快举手了,说:"从第一排到第二排,它们的规律是把 1 放到最后一个位置,其他数字依次向前平移了一格。

从第二排到第三排,还有从第三排到第四排,都是把最前面的那个数字放到最后一个位置,其他数字依次向前平移了一格。"老师认为快快很具有概括性,而且能够用数学的语言来回答数学问题。"平移"就是他们之前学过的一个数学概念,指的是物品水平位置的移动。

老师告诉同学们,这个就是循环排列规律。生活中有很多这样的例子。比如说,墙面和地板上的瓷砖有时候就是根据这个规律来排的。

这时候,PPT 里面出现了天线宝宝家地板的样子。老师让同学们找规律。原来,这些地板第一排是由红色、绿色、蓝色、黄色拼接的;第二排是由绿色、蓝色、黄色、红色拼接的;第三排是由蓝色、黄色、红色、绿色拼接的;第四排是由黄色、红色、绿色、蓝色拼接的。

同学们进一步概括:尽管每一排的颜色在变,但是颜色之间的次序都没有改变。都是先红色,再绿色,再蓝色,再黄色,绿色一直都在红色的后面,它们之间没有交换位置。

这些孩子说得都很好,很善于观察和总结。数学课就是要发动孩子们的思维,让他们从数理与生活之中找到规律。找到规律,就等于是找到了秩序。有了秩序感,做事情、想问题都能够不偏不倚、恰到好处。

数学不仅仅是数字之学,也深藏着为人处世的方式方法。

如果仅仅是这样的一堂数学课,我并不觉得有什么不一样的地方。老师教给学生知识,学生在知识中发现规律。常规的教学也就是这样了吧。但接着,数学老师所举的一个例子,让我觉得这堂数学课别有意味。

老师在 PPT 中放出了一句诗:可以清心也。

老师让同学们根据刚才学过的循环排列规律,改编一下这句小诗。这句诗是非常经典的,在语文中叫作回文诗。

据说,一开始这几个字是被刻在一把茶壶上的,也就是说这五个字恰恰围着茶壶刻了一圈,五个字首尾相连,那人们就不知道从何念起了。但它妙就妙在,无论从哪一个字开始念,都可以。而且,每移动一个字,这句诗都另有一番意思:可以清心也,以清心也可,清心也可以,心也可以清,也可以清心。这个果然跟数学老师说的循环排列规律有着异曲同工之妙。

同学们根据这个规律找到了这五句隐藏的小诗。老师也向同学们讲解了这句诗的意思。当然,作为二年级的小学生,他们可能未必能够真正了解诗句深处的含义。但是这样潜移默化的熏陶还是很有必要的。不在于能够理解多么深的意思,而是让他们从小就有所接触。而当真正地去了解深意的时候,他们就会觉得似曾相识,理解起来就容易多了。

下课之后,我还觉得饶有兴味,跟数学老师又聊了将近半个小时。对于她的这种上课方式,以及把语文里面的诗句跟数学中的规律结合起来,我认为很富有创意,并且也很有意义。

实际上,现在许多科目都已经有了交叉教学的尝试。像今天数学老师这样巧妙的结合,就起到了很好的作用。孩子们不但找到了数学的规律,还学习到了诗歌原来可以这么去品读。而且,这样清新的小诗,也会给孩子们带来美的享受和性情的熏陶。

我跟数学老师说,我很欣赏她这样的创意,数学真的不仅仅是数学,它可以有无尽的延伸和无穷的渗透。数学老师也跟我说了很多的想法,她甚至从数学课中看出孩子们不同的心性,分析他们的人格构成和性格走向。我们说得开心了,在教室里哈哈笑起来。看得出,她是一位很善于思考和学习的数学老师。

像这样的家长开放日真不错。学生、老师、家长,三方共处,齐心协力,大家都用开放的心态来了解对方,接纳对方,也在开放的氛围中协调自己,整合自己。开放、宽容、交流,这样就能彼此欣赏,共同前进。

第一篇作文

快快拎着一支铅笔,在小字本上写作文,题目是《快乐的一天》。

只见他这样开头:"今天,我在婆婆家玩。"中间一大段都是空白,最后一行这样写:"这真是快乐的一天啊!"

我问他中间为什么空着,他说先把开头和结尾写好,中间再想想。

我说:"你觉得你的开头、结尾写得怎么样呢?"

他说:"开头和结尾就是这样的,不然,就不是作文了。"

我问他:"你看到的故事书里的小故事开头、结尾都是这样的吗?"

他想了想说:"有些是这样,有些不是这样。不过,这样最简单,也不会错。"

还是在偷懒呀。

我告诉他,语文不像数学,它的答案不仅仅只有一个。你这样写并没有错,但并不是很好。我们还可以把作文写得更真实,更巧妙,让人读了看了,就像亲身经历了一样,印象深刻又回味悠长,如在眼前,又记在心里。写作文呢,就像说话一样,不但要说得流利、清晰,还要吸引人,给人带来丰富的想象。

他马上来了兴致,把中间那一段全部填满了。我看了一下,到婆婆家吃饭呀,桌上有几个菜,分别是什么菜、什么菜和什么菜,都写得一清二楚。婆婆又说了什么话,我又说了什么话,统统都写上去了。写着写着,就写不下了,超过了他预留的空间。他苦恼地跟我说:"妈妈,今天的事情一天都写不完呀。"

我跟他说:"你要把最有印象的事情说出来,其他的可以不说,或者一笔带过就可以了。"

他说:"印象最深的就是小黑生宝宝了,它生了四只小小黑。"

我跟他说:"这就很好啊,你就写小黑生宝宝这件事情就可以了。小黑是谁?大家为什么叫它小黑?你和小黑有什么关系?感情怎么样?你小时候说,小黑是你的,为什么这么说?小黑生了几只宝宝,什么颜色的?小黑对宝宝好不好?这些都可以写啊。"

他听了之后,马上把题目换成了《小黑生宝宝啦》。嗯,这个题目好,很有想象的余地,大家也很想要看下去。

我跟他说:"题目要小,要巧。题目在整篇文章中,就像非常别致的一个小装饰,跟整件衣服和全身的打扮是协调的、呼应的。让看的人猜得出几分意思,又猜不透全部的意思,所以就很想接着看下去。像《快乐的一天》就泛泛而谈,太普通寻常了。"

"接着写开头。开头要怎样呢?"他问我。

"开头就像开门,门'吱呀'一声,轻轻地打开。先是看到了一点点,接着才慢慢多起来,都是有缓急有节奏的。再接着,越来越多,越来越多,直到豁然开朗、风景无限。"当然跟他这样说有些深了,但我想,多说几遍,他能慢慢理解的。作文这个东西就是要慢慢熏陶出来的,看得多了,想得多了,琢磨得多了,才能慢慢写得好起来。

"那么结尾又怎样呢?"他接着问。

"结尾呢就像关门,但也不是'砰'一声全部关上。"我正要说下去呢,他发挥道:"要留一点缝,对吧,妈妈?"

呵呵,孺子可教也。"是啊,要留一点缝隙,留一点余地,所谓余音袅袅,绕梁不绝,就是要这样的效果呢。不是看完了,就什么也没有了。真正的好文章能够引人思考,有些思考甚至是一辈子的呢。"

"比如说呢?"

"比如说《红楼梦》啊,《追忆似水年华》啊,都是这样令人思考的作品。不只是一辈子,是引发了一辈又一辈人的思考,成为宇宙人类共同的思考呢。"

哈,一说又说得宏大了些。眼面前,还是要让家里这位一年级小学生对写作文充满浓厚的兴趣才行。

"妈妈,写作文有什么意思呀?还不如抄写生字生词呢。"

果然他就开始有点厌倦了。

"写作文比抄写可有意思多了。如果一个人能够学会随心所欲地表达,那是多么快乐而有意义的一件事。那些语句,那些字词,就像士兵一样,一排一排站在那里,等待着你去命令呢。派谁上前线,派谁冲前锋,派谁留守后方,派谁搜集粮草和战马,都是有讲究的呢。派得好,派得恰当,你就是用兵如神的将领;派得不好,派不妥当,你就要打败仗哦。"小男生喜欢听这些,他点了点头。

"而且,经常写写日记,写写作文,可以及时地整理自己的想法和念头,能够总结过去,展望将来。时间长了,对自己,对他人,对这个世界,都会有比较清晰而深刻的了解呢。而且喜欢写作文的人,他的内心会升腾起一个现实世界之外的心灵世界,这个心灵世界就是乐土、彼岸、桃花源,是世界上最美最美的处所。"

他似懂非懂地眨巴着眼睛。

我想了想说:"就是你看过的宫崎骏电影里的那座漂浮

在云端之上,鲜花盛开、小鸟啁啾的天空之城。"哦,这下,他明白了。

于是,他又接着写,我们俩又一起修改了几遍。

于是,小学生快快的第一篇作文就这样诞生了:

小黑生宝宝啦

小黑是一条可爱的狗狗,它住在我的婆婆家里。婆婆家在三门。

每次我回三门,小黑都会很高兴地跑过来欢迎我,我也喜欢摸摸它、抱抱它,把吃剩下的骨头给它吃。小黑吃完了,还在我身上舔来舔去呢。婆婆笑着说:"我们天天带它,也没见它对我们这么亲。它对你比对我们还亲呢。"从此,我宣布:"小黑是我的!"

这次我回去的时候,发现小黑肚子大大的,走路都走不动。婆婆告诉我,小黑就要当妈妈了。没过几天,小黑果然生宝宝啦。小黑的宝宝就像玩具狗狗一样,毛茸茸的,软乎乎的,太可爱了。一共有四只,三只是黑的,一只是黑色杂着棕色的。

我真想把小黑的宝宝带到杭州去。可妈妈说,小小狗最难养了,等它们大一点了再说吧。我看见它们围在小黑的怀里吃奶,又乖又可爱!

就是喜欢写唐诗

　　念了些唐诗在肚子里以后,快快就不得了了。跟我说:"妈妈,我发现一个规律。"我知道他老是能发现规律的。

　　他说:"唐诗哦,是这样的。有两句呢都是写风景,有两句呢都是写心情。风景好,心情也好,风景不好,心情也不好。好的风景就是白云飘飘的,不好的风景就是要下雨的。"

　　哇,我当场奖励他一次小范围的卡拉 OK,可以带三个以内的同学,时间和名单由他定。在我们家,说话说得好,都是有奖励的。

　　他更来劲了,接着说:"你看,'远上寒山石径斜,白云生处有人家''朝辞白帝彩云间,千里江陵一日还''只在此山中,云深不知处',都是白云缭绕的,所以,作者的心情肯定都是很好的。那些'清明时节雨纷纷,路上行人欲断魂''寒雨

连江夜入吴,平明送客楚山孤''渭城朝雨浥轻尘,客舍青青柳色新',就是雨下个不停,作者心情就不好。"

说得颇有见地,并且所举的例子都有力地佐证了他的观点呢。

但我跟他说:"有时候下雨,作者心情也很好呢,要看是下怎么样的雨啦。比如'空山新雨后,天气晚来秋''好雨知时节,当春乃发生''青箬笠,绿蓑衣,斜风细雨不须归',这些'雨'要么清新,要么乖巧,要么灵动,烟雨迷离的,简直一幅天然图画,作者是很欢喜的呢,所以心情也是很放松、很欢乐的。这也是唐诗丰富多彩的地方,不同的雨可以下出不同的唐诗哦。再说了,唐诗里面的风景不仅仅是白云,还有月亮啊,花草啊,树木啊,鸟兽鱼虫啊,都应有尽有。以后老师都会慢慢教到的。"

"单说写月亮的唐诗吧,就多了去了。'露从今夜白,月是故乡明''小时不识月,呼作白玉盘''海上生明月,天涯共此时''可怜九月初三夜,露似珍珠月似弓'……"

快快赶紧把我嘴巴掩上,自己接着说:"我知道,我知道。'举头望明月,低头思故乡''深林人不知,明月来相照''举杯邀明月,对影成三人'。"

可不是吗?这些"月"多么明亮、饱满,多么圆润、宁静,带着思念和向往,照着古人也照着今人,藏在唐诗里面,也藏在我们每一个人的心房。

正说着呢,他说他来了灵感了。有什么灵感呢? 他也要写唐诗!

好啊,我赶紧给他拿了纸和笔,跟他说:"唐朝有一个小孩叫骆宾王,七岁就能写诗了。你很小就背过的:'鹅,鹅,鹅,曲项向天歌。白毛浮绿水,红掌拨清波。'把鹅写得多神气、多可爱呀。"

他忙说:"我也能写,这个简单。"他铺开纸,唰唰唰,他所谓的一首"唐诗"就跃然纸上了:

早发钱塘江

朝辞钱江白云间,

学校武术我去练。

练得一身健骨志,

父母夸我好孩子。

他还跟我解释:"妈妈,我是仿照李白《早发白帝城》写的。'朝辞白帝彩云间,千里江陵一日还。两岸猿声啼不住,轻舟已过万重山。'李白写自己去江陵,但不知道他是去干什么的;我是写我早上到学校去练武术。李白从白帝城出发到江陵去,我是从钱塘江出发到学校去。你看,写得怎么样啊?"

哈，我表扬他思维敏捷，写得快，而且写的也是真实的事情，还基本能押韵。但是呢，唐诗里面的美感和意境还是没有哦。当然，刚刚开始，可以慢慢写，慢慢进步的。

我感叹道："唐朝的小孩就是唐朝的小孩啊，七岁就能写出这么传神的佳作。那时候整个朝代都是诗歌，他是在诗歌的坛子里酿出来、熏出来的呀。"

快快不服气地说："虽然骆宾王唐诗写得比我好，但是他电脑技术肯定没有我好。"那是，那是。大唐全体人民都不知道啥叫电脑呢。

他一点都不灰心，说又有灵感了。唰唰唰，又是一首：

寻小象不遇

楼下找小象，

小象未在家。

不知在哪里，

花中无处寻。

刚写完，就跟我说："妈妈，唐朝人写作文只要二十个字，最多二十八个字。我们现在写作文，老师都要我们写几百个字。"呵呵，他以为那二十个字、二十八个字很好写呐。

他又跟我解释："妈妈，我这首诗仿照《寻隐者不遇》写的。

'松下问童子,言师采药去。只在此山中,云深不知处。'贾岛是到山上寻找隐者,我是到楼下寻找小象。"

　　哈哈,我差点笑晕倒。小象是一楼的小弟弟,他爸爸妈妈在泰国工作时生下他,因为象是泰国的吉祥物,他爸爸妈妈就给他取名叫小象。有一天,快快去找小象玩,小象外婆告诉快快,小象在小区花园里玩。快快骑着小自行车去找他,但是没有找到。还写得挺应景的呢,这样写唐诗也忒好玩。

　　既然他这么爱写唐诗,我就鼓励他多写,说不定,写着写着,就真的能回到"碧玉妆成一树高,万条垂下绿丝绦""留连戏蝶时时舞,自在娇莺恰恰啼""月落乌啼霜满天,江枫渔火对愁眠"的唐朝了呢。

留下一路芬芳

过几天就是教师节,快快又开始兴奋起来。他不停地问:"妈妈,你说送什么礼物给老师呢?"

想了想,还是卡片和鲜花吧。

但快快说一定要有创意。

好吧,鲜花去花店预订;卡片,妈妈我陪着他一起做。

我们先是去超市买了各种颜色的卡纸和颜料。我想起小时候美术老师教给我们的一套,今天不妨跟快快一起重温一下。

我很神秘地跟他说了,他也很好奇。我先不告诉他怎么做,但我相信我们自己做的卡片一定很有诗意,很有味道。

快快一听就乐了,跟在我屁股后面,随叫随到。

"好吧,那我们先到小区和江边去捡树叶。"

"捡树叶做什么呢?"

"捡树叶回家做卡片呀。"

"树叶也能做成卡片?"

"是呀,树叶卡片简直美极啦。"

"那是不是把树叶贴在卡片上,一张卡片贴一张树叶?"

"这算什么?比这个更有创意呢。待会儿你就知道了。"

我们一路捡过去,捡到了各种各样好看的树叶。我们把这些树叶一片一片夹进随手带着的一本书里面。有条形的叶子,弧形的叶子,瘦瘦的竹叶子,圆圆的金钱草叶子,爪子一样的鸡爪槭叶子,还有扇形的银杏叶子,心形的滴水观音叶子,还有漂亮的三叶、四叶草……

一回到家,快快又问开了:"妈妈,妈妈,到底怎么做呀?"满脸的期待呢。

哈,我叫他去浴室里面拿一把废弃的梳子和牙刷,再把刚才买的卡纸和颜料拿出来。我们把卡纸铺开,剪成一张张卡片的形状。

然后呢?然后拿一张树叶铺在卡纸上。

然后呢?然后,把颜料挤出来,挤在梳子上,均匀铺开。

再然后呢?再然后拿牙刷在梳子上刷。

哈,很奇妙吧。唰唰唰,唰唰唰,颜料错落有致地渗透下来,好看极了!而被树叶铺着的那一块,颜料被树叶盖着了。

等整张卡片都刷满并且干了以后,再把那一片树叶拿开。哇,一块树叶形状的空白留在了七彩的卡片上。

快快惊呼道:"哇,妈妈,太好看了,那是树叶的影子!"

"对呢,我们就把树叶的影子送给老师哦。那锯齿形的边缘,那叶片和叶柄之间的勾勒,那圆形心形鸡爪形的树叶影子,多么富有美感呀。而这些都是妈妈小时候妈妈的老师教给妈妈的呢。"

快快迫不及待,越做越多,一张一张的影子卡片,叠成了厚厚的一摞。两只手沾满了颜料,脸上也是。整个家里都是颜料和树叶的味道。做到很晚很晚,终于做累了。快快掰着手指头算,语文老师、数学老师、武术老师、形体老师⋯⋯直到全部老师都能分遍,他才洗手洗脸,歇下来不做了。

第二天回来,突然又跟我说:"妈妈,我们怎么忘了幼儿园的老师了,还要再做三张,不,四张,因为保安叔叔也要给他一张。"

呵呵,这个保安叔叔可是对快快最亲了。读幼儿园的时候,过中秋,老师让小朋友每个人带两个月饼去学校。一个给自己吃,一个给自己喜欢的老师吃。快快自己吃了一个之后,把剩下那个高高举起来,送给了一楼门口的保安叔叔。还跟保安叔叔说:"叔叔,您辛苦啦!"保安叔叔感动极了,一把把他抱起来,后来总是从家里带好东西给快快吃。

好吧。我们又做了四张影子卡片,这下子总可以了吧。

快快又催着:"妈妈,鲜花呢,明天别忘了拿!"哎,好不容易劝他睡下了,但又突然坐了起来。又怎么了呀?说还要再做两张,随他去吧。

到了教师节当天,快快一早就醒来了。每个老师一张卡片,一朵鲜花,送得那个欢腾。

放学了,又让我把他带到幼儿园。

我倒要看看他会跟幼儿园老师说什么。呵,还挺有词。那些老师拥抱了他,谢谢他。

他说:"不用谢,我会用心读书的,以后我考上大学了还来看你们!"

连我都有点感动了呢,这完全是他的自由发挥,我根本没有教过他这么说。回到家,他又变戏法似的拿出了最后的两张卡片,一张送给爸爸,一张送给了我。

"因为今天也是爸爸妈妈的节日,祝爸爸妈妈节日快乐!"我们家也是摆满了鲜花和卡片。教师家庭的快乐就在于学生对我们的喜欢和热爱。

宝贝,妈妈一定帮你记住,考上大学的时候,再回来看望中学老师、小学老师、幼儿园老师。

宝贝,妈妈祝福你所到之处,人们喜欢你,帮助你,也祝福你一路走过,留下一路芬芳。

数学之美

怀孕时,我依然天天两节语文课,直到放暑假生下他。

诗经离骚、汉赋元曲、唐诗宋词、明清小说,讲给学生听的同时,快快这小家伙肯定也在肚子里面偷听呢。

而且他是离我最近的学生,听得就更清楚了吧。

等他会讲话了,我们发现他的语言灵动而优美。我跟在他屁股后面记录他的灵思妙语,一条都不舍得错过。记到现在,将近三百条,现在还有了漫画版的《快快小语》。

上了小学,写日记、写作文那是即兴发挥,下笔即成。几乎每一篇,老师都给他一个大大的"优",再加上好几颗五角星。再加上我和他爸爸都是学文的,家里的氛围都是文学的、文艺的、人文的。

我们探讨的问题,争论的话题,都围绕着这些展开。快快在这样的熏染之下，最爱上语文课了，爱阅读，爱朗诵，爱表达。语文老师兼班主任也很是欣赏他，鼓励他，连他上课动来动去的小毛病也由着他。

相比较语文而言，他在数学上就没有这样的天分了。

中等以上是有的，但很明显，他对数学不敏感也不是特别感兴趣。

他跟那些数字和题目之间，没有对语言和文字那么深刻、那么准确的默契。

学习任何学科的最好的方式，当然是不知不觉走近它，跟随它，被它的神光吸引，被它的神韵消融。一点一滴地渗透进心灵深处，再一招一式地内化出来。

啊，我决定跟他讲讲数学之美。

如果这个世界只有语文，没有数学，那也是残缺的、不饱满的。

数学代表了自然美和科学美，数学里面藏着规律。正是这种规律带给我们秩序感和美感。

快快不解地说："数学有什么美，就是 0 到 9 几个数字，变来变去就是这几个数字。"

"哈，那音乐呢？你说音乐美不美？音乐还只有哆来咪发索拉西这七个音符呢，比数字还少。但就是这七个音符，配以

不同的音频、音律、音调,就组合成了各式各样好听的音乐。这难道还不够神奇而美妙吗?"

快快很认真地看着我,说:"妈妈,那数学有什么美呢?"

其实我也是外行,毕竟多年不学数学了呀。但我想,我们个性之中的理性成分应该很大程度来自数学的教化。

从小,我们学会数数、计数,学会加减乘除,后来的代数几何,也教会我们用方程式去知晓数量关系,用实线和虚线找出物体的空间结构。

当然,这个还太深。那我就跟他讲"蒙氏数学",这个他学过。

我跟他说:"你幼儿园就学过蒙氏数学里面最简单、最基础的部分。1,3,5,空缺,9,你觉得空缺处应该填什么?"

他想也不想,说:"当然是 7。因为每个数字都比前面那个多两个。"

我跟他说:"这就是规律。人们就是通过各种各样的规律来触摸这个世界。如果没有规律,世界就会变得杂乱无章,不可掌握。"

"那人类都发现了哪些数学上的规律呢?"他开始有了一点点兴趣。

我想了想,就跟他说了圆周率的规律。

"我国古代有个数学家叫祖冲之,他精确地算出了圆周率。圆周率指的是一个圆的周长跟圆的直径之间的比例。祖冲之算出每一个圆的周长和直径的比例都有一个规律，是一个常数，约等于3.14159。不比这个多，也不比这个少。中学的时候，老师为了让我们记住这个圆周率，还把它变成了一句诗呢，山巅一寺一壶酒。"

显然他听不懂，我又画给他看，还是不懂。没有关系。我只是想告诉他物体之间总是存在着秘密，普通人看不见，科学家能够发现它。一旦被发现，秘密就成了规律，有了规律之后，人们就可以按照规律来更好更快更准确更简便更有效地做事情。比如，祖冲之发现了圆周率后，人们就可以用圆周率来换算圆的面积。好吧，不多说，就先给他留个模糊的印象吧。

说着，他把周末练习拿给我。我看见一道题是这样的：

一只青蛙掉到井里，井深10米，青蛙白天爬3米，晚上掉回来2米。请问，青蛙要爬几天才能爬出这口井？

快快的答案是：10天，因为它每天爬1米。我让他画画看，第1天爬1米，第2天爬2米，爬到第7天爬了7米。到了第8天，青蛙白天跳3米，就跳出了这口井了呀。所以，答案应该是8天。快快笑了，原来是这样啊。

"对呀，数学就是这么有趣的呀。数学里面有规律，但它的规律是灵动的、跳跃的，很不容易找到的呢。你要不断换算，不断实验，才能找到规律。一旦找到规律，你就打开了数学的大

门,就会感觉到自然和大地,宇宙和天体都在跟你说话呢。"

这学期学校里面有第二课堂,一星期一次,一次半个小时,有音乐、舞蹈、棋艺等等。我建议他报趣味数学,学了几次以后,发现他还真有那么一点爱上数学了呢。

我想当班长

快快"觊觎"班长的位置不是一天两天了。

他向我描述班长的种种威武。

做操的时候领队,大家都要听她的口令。"立正,稍息,一二一,一二一。"

老师不在的时候,比如说自修课啥的,她就是老师。她让大家不要讲话,大家就要安静。

她把同学们的表现都记在《班级日记》上,等老师回来的时候,那些吵闹顽皮的同学就会受到批评,那些安安静静写作业的同学就能得到老师的表扬。

我跟他说:"你当学习委员也挺好啊,你也很威武。早读课,你领读,同学们跟着你齐声朗读。下午放学,你把当天的作业抄写在黑板上,让同学们抄回家去做。而且你的作业,造句

子、小作文等都被老师当作范本,读给同学们听。这不是也很神气吗?"

他露出几分得意的笑,伸出兔耳朵手指"耶"了一声,但还是不能释怀。

他跟我说:"班长还是比学习委员威武。因为学习委员只是管学习这一块,像纪律、卫生、文艺什么的,就不归学习委员管,而班长是管理整个班级的各方面的。"

我说:"那是当然。班长,是一班之长。代表着整个班级的精神风貌,也是整个班级的形象代表。关键时刻,她就是你们全班的代言人。比如你们班获奖了,都是班长上台领奖的。"

"所以呀,"没等我说完呢,他嘟哝道,"妈妈,你也承认班长很威武吧。要是我当班长,那我就比现在更威武了。"

我问他威武怎么好。

他说:"当然好了。威武就是神武,就是很了不起,就是英雄人物,就是帅、酷、牛!就是大家都佩服他,就是他说了算。"

原来小学生有那么向往了不起的人,而班长在他心目中就是最了不起的人,也就是他所谓的最威武的人。

那么我就跟他聊聊什么才是真正的威武。

我接着说:"你看是不是这样,如果班长把班级管理得很好,那确实很威武,大家都服她,听她,喜欢她,爱戴她。但如果她没有管理班级的能力,把班级管理得一塌糊涂,整个班级纪律也不好,成绩也不好,卫生也不好,那么班长比任何一个班级成员都要难受吧。班级有了荣誉,她也获得了荣誉,但班级被批评了,她也必须第一个承担责任。难道不是吗?所以,班长并不好当,班长有班长的威武,但班长也有班长的责任。"

快快接口道:"我也愿意承担班长的责任。妈妈,我愿意,我就是想要当班长。委员有好多个,班长只有一个。所以,班长还是最威武。"

我这么跟他说:"就说你吧,你是学习委员,你有你的威武。但是如果你学习不认真,成绩退下来,不认真思考,作业做得不漂亮,那么你又有什么好威武的呢?而相反,其他同学什么委员都不是,但他们读书很用心,成绩考得比学习委员还要好,做事情井井有条,把自己管理得很好,又懂礼貌又守秩序,还很会思考和学习,那么这样的同学才是真正的威武。他们没有什么职务和头衔,但他们做得比那些小干部都要好,你难道说他们不威武吗?在我看来,他们才是真正的帅、酷、牛!"

快快终于没话可说。他也承认职务不重要,自己的表现才更重要。

当然,这并不妨碍他继续"觊觎"班长的位置。

他去问过老师,他有没有可能当班长,下一次竞选班长是在什么时候。

而我希望他好好思考:"你想想看,你们现在的班长为什

么能够当选为班长?你跟她的差距又在哪里?"

他想了好久,对我说:"她读书好,声音响亮,喜欢笑,但又很安静。她上课坐得端端正正,哪个同学小声讲话,她都能听到,她用眼睛瞄一下他们,暗示他们,他们就不讲了;老师不在的时候,她把班级管理得很好;大扫除的时候,她指挥大家,大家都听她的话。我读书也好,声音也响亮,也喜欢笑,但是有时候上课会走神,会做小动作,同学们问我问题,我有时候会不耐烦。"

我很高兴地对他说:"既然你能看到自己的不足,那说明你会有更大的进步。既然你想当班长,那么也不是没有这个可能。你好好表现,直到你认为你已经确实做得像一个班长了,说不定同学们真选你当班长了。但如果还是选不上,你也已经是妈妈心目中的班长了。"

没过几天,放学回家,他就说要告诉我一个好消息。

他说老师当着全班同学的面,这样说了:"如果王蓉蓉同学不跟同学们多沟通,多交流,不跟同学们打成一片,那我们真的可以考虑让陈快意同学来当班长了。"快快满脸志在必得的神色。

我当然知道这是老师的教育小招数。竞争促成了双方或者多方的比拼,同时获得了整体实力的优化、上升。我再一次向他强调,当不当班长真的不那么重要,当好一个健康、快乐、朝气蓬勃的小学生才更重要,更威武。

但我也知道,他是局中之人。在我们看来他似小孩子过家家,要讨个班长当当。但在他心里,恐怕也不亚于竞选总统,那般神圣,了不得。

那么就让他去竞争吧,去梦想吧。调动了他的积极性,让他各方面都更高地要求自己,也还是很有好处的。

至于到时候失落或者惨败,那又有什么关系呢? 我们有的是招数来启发他,指导他。不然,还要老师和父母干什么?

考试考差了

突然就春暖花开了,好想到哪儿玩玩,可是快快要上学啊。

唉,一个爱浪漫的妈妈总是按捺不住各种美妙的念头。我就想,能不能请假呢。

没想到,班主任老师马上就答应了,说小孩子出去玩玩挺好,见见世面,长长知识。这样我就给快快请了一星期的假。我们全家游山玩水去,我们三个人都像是逃学的孩子,兴奋极了。尤其是快快,从来没有请过假,这下子多了一星期的假期,而且只有他一个人有,其他同学都没有。他一路蹦蹦跳跳,简直就得意忘形了。

我们去了香港。快快第一次坐飞机。在万米高空之上,他看着窗外的白云,觉得新鲜极了!他跟我说:"妈妈,我们现在是坐在云端里。白云知不知道我们到它家里来了？妈妈，这里的云都是 3D 版的，一朵朵好浓好大好清楚啊，像白白的积木，又像是大朵大朵的棉花糖。不，比棉花糖还白，还甜！"

到了香港，坐缆车，过隧道，去了海洋公园，又去了迪斯尼乐园，一路上精力旺盛，上蹿下跳的，停不下来。

回来就期中考试了！唉，去香港玩了一星期，没有给他及时补课，致使他期中考试数学才考了 77 分。

我问他怎么回事。他说："考试前，数学老师给我补习过的。但爸爸妈妈没有补过，我还是有一些不懂的地方。"

　　我心里很不痛快,他爸却不以为然,说一两次考不好有什么关系,补回来就行了。我就跟他舅诉苦。他舅更加不以为然,还跟我说:"以前就怕快快太优秀了,现在终于放心了。"我笑说,不是你自己儿子,你尽管放宽心哄我吧。但内心深处,也渐渐释怀。

　　我知道对于孩子的成绩,妈妈们总是更上心一点,也更急切一点,但同时也就更功利和短视了。妈妈们对于自己的孩子往往有着几乎完美的愿望。希望他们健康、漂亮,成绩好,有礼貌,可人疼,可人爱,总是能得到老师、长辈们的称赞。这样,自己辛苦就有了回报,养孩子就有了成就感。没错,孩子就是父母的名片。没有一个父母不希望有一张拿得出手的体体面面的漂漂亮亮的名片。但是,比名片更重要的是内在。

　　我想我也是犯了这样的毛病,完美病。

　　一年级的时候,我挺认真地抓他的学习,他两个学期9门功课的平时成绩、期中成绩、期末成绩,共27项,全部是优秀,这确实是很不容易的。也就是说,语文、数学、体育、美术、音乐等等科目的每个学期,他都是优秀。

　　我当然想着,二年级也依然是如此。但是,由于这次的数学期中考试那么差,一下子,完美被破坏了,我心里的落差可想而知了。

　　经过几天的自我反思之后,我觉得这样的成绩迟早要到来。而且，迟来还不如早来。这里面其实潜藏着我们对他教育的疏忽和漏洞。他长期依赖爸爸妈妈给他开小灶，在学校听了之后，回家还能查漏补缺，不懂的都能够把他教懂。

所以，一年级他能够获得那么多优秀。而一旦爸爸妈妈没有给他补充营养，他自身的吸收能力和免疫能力马上就"原形毕露"了。也就是说，他一直挂着我们的拐杖在走路，并没有真正地学会学习。或者说，一年级的时候，可以挂着拐杖帮一下忙，渐渐年级高了之后，就要让他试着丢开拐杖。

而且，我们也不能教给他最终的答案，也不能指出一条明路，要给他几条似是而非的岔路，让他自己定夺，自己选择。经过自己的思考和判断，他会有一个筛选和排除的过程，小脑瓜就得到了锻炼。即便走错了路，也会知道自己是怎么错的，错的原因是什么，以后就会有很深的印象去规避类似的错误。而如果能够做到不犯相同的错误，那才真正是学会了学习，那才真正成了学习的主人。

所以，我跟他说："成绩差说明了很多问题。说明我们存在着不足的地方，你是 77 分的成绩，那么说明我们存在着 23 分的不足，也说明了我们有着 23 分的希望和期待值。只要我们找到自己的不足，虚心地改正，一定能够取得真正的好成绩。但是，你才是学习的主人。所谓的主人，就是你要自己做主。上课的时候，要把老师讲解的知识主动地吸收过来，不懂

的地方,下课就去问老师。作业做错的地方,也要主动去问。因为你是主人,你要很热情、很大方地把心里的那扇门打开,宽宽敞敞地,亮亮堂堂地,把知识迎进门来。知识最喜欢热情的主人了,谁热情地迎接它,跟它好,跟它亲,它就喜欢跟谁住。你一直跟它好,它就跟你住一辈子。别人来偷也偷不走,来抢也抢不走,你就是最富最富的主人了。"

快快听得两只眼睛亮闪闪的。他跟我说:"妈妈,我一定要做主人,不做仆人。仆人就是跟在知识的后面,不主动去迎接,就被别人接走了。"

我一本正经地说:"对啊,好东西都是要自己主动去争取的。你自己不去争取,能怪谁呢?"

这样说了之后,他就翻开书本,自己静悄悄地去复习了,有什么不懂的,也会提问题。但我们也有了对策,不会马上给出答案,而是给他思考的空间。让他自己去跳一跳,够一够,摘到的果实才更甜美。

因为所以，科学道理

快快蹦蹦跳跳地拿着一张试卷回来："妈妈,妈妈,我考了 99 分。"

我问他："难不难？"

他说："难是不难,但不小心的话,也会很容易出错的。"

我拿过试卷一看,表扬他说："不错。但是呢,还可以更好。有没有同学得了 100 分啊？"

快快嘟着小嘴说："有的,他就是比我多了一分而已。"

哈哈。我跟他说："你可别小看了这一分哦,不是说你非得拿 100 分,但得 100 分的同学真是了不起的。那是综合实力的较量。既要认真审题,努力思考,又要仔细答题,还要学会检查和纠错。而且还不能太慢。因为每次考试都是有时间规定的呀。"

快快点点头，但他说："因为所以，科学道理。妈妈，不是说有很多高分低能的人吗？就是说他考试很好，实际水平却不好。"

嘿，这个也懂，别以为小孩什么都不懂啊。但这也难不倒妈妈我。我耐心跟他说："为什么高分就低能呢？你可以高分高能的呀。高分低能的人是死读书，只记得课本里的知识，不知道把实际生活联系在一起。其实课本只是一门学科的文本，就像语文课本，里面的一篇篇选文，只是不可计数的文学作品中很小很小的一部分。千万不要以为课本里面的学过了，就什么都掌握了。实际上冰山一角都还没有呢。"

"那怎么办呢？如果全部都要掌握，我们永远都学不完，老师也教不完呀？"快快不解地问。

"所以，老师教的应该是学习的技巧、思维的方式、解题的思路，而不仅仅是知识啊。而你们在学校里，也应该学会学习，从老师的讲解之中能够自我思考，自我发挥。这样，碰到其他的课文你也能去读、去体会了。用古人的话说，就是'授之以鱼不如授之以渔'。"

"妈妈，什么鱼啊渔的？"快快问。

"第一个鱼是一条鱼的鱼，第二个渔是渔夫的渔，指的是捕鱼的技巧。也就是说，你给他一条鱼，还不如教给他捕鱼的技巧呢。你想想看，为什么呢？"

快快说:"我明白了,因为所以,科学道理。教给他捕鱼的方法,他就能自己捕鱼了,那他天天都有鱼吃了。"

"是啊,所以说,你要学会学习,就是说,要学会怎么去举一反三,怎么去触类旁通。从这个想到另一个,从这里想到那里。这样,你就能掌握越来越多的知识和技能。"

快快看了看试卷,还是觉得自己挺不容易的了,跟我说:"妈妈,我99分已经很好了,它是最大的两位数。"

我笑说:"最大的两位数也比不过最小的三位数。你就差一点点了,因为粗心。"

快快辩解道:"我就少了一个'的'字呀!"

"是啊,你就少了一个'的'字。但是这个'的'字你不应该少。"

"虽然完美永远不可及,但是我们要不断地接近它。我们要把自己的最高水平、最佳风貌展现出来,不断地走近它,走近它。有一句话叫作'虽不能至,心向往之',说的就是这个意思。就是说,虽然不能到达,但也要用心去向往。这样你就会无限地接近你所向往的那个境界。"

快快摸了摸头,说:"因为所以,科学道理。妈妈,我知道那个境界就是'更高、更快、更强',就是奥林匹克精神。"

"对啊,这种精神就是不断地挑战自己,不断地完善自己,使自己更完美。只有这样坚持不懈地去追求,我们才能越来越

好,越来越美,越来越强大。"

"妈妈,那就是没有最好,只有更好。"哈哈,孺子可教也。

我说:"如果你差得远了也就算了,我们也不拿考试当饭吃。谁让你就差 1 分呢!不应该错你却错了。"

快快说:"那我下次考满分。"

我说:"不是说非要考满分,而是说别乱错。要是错得有意思,有挑战性的话,多错点也没关系。"

快快灵机一动说:"那我还是想办法多错点吧!"

哈哈,我说:"错就是对,对就是错。你以为故意错有那么好错么?你要排除地雷才能安全,相反你要排除安全才能踩上地雷。"

快快困惑了:"地雷也不好踩?"

我笑说:"当然啦,几率是相同的呀。"

快快问:"那怎么办?"

我说:"所以别粗心呀,不要小看每一步。"

快快说:"Oh,my God!因为所以,科学道理。"

哈哈,"因为所以,科学道理",这是他现在的口头禅。

感冒的光环

课外班放学回来,原先蹦蹦跳跳的快快安安静静地坐在沙发上,也不说话,也不走动。

我问:"怎么了?"

他说:"妈妈,我一闭上眼睛就有许多亮闪闪的小星星,在我头上飞来飞去,围成一圈,赶都赶不走。"

我说:"难道这就是传说中智者的光环?"

快快说:"妈妈,恐怕是感冒的光环,我的头晕晕的,很想喝水。"

我赶紧摸了一下他的额头,果然烫烫的,有点高烧哦。我能感觉到是38.5度的样子。话说其实每个妈妈都有一点特异功能的,我的特异功能就是每天能够在闹钟即将响起的前五分钟准确醒来。还有就是每次都能够准确地用手测出快快的

体温,几乎是一点不错。

我让他多喝水,先别写作业,躺下来休息。

他说光休息没意思,要拿本书看看。于是就拿了本《海底两万里》,靠着靠枕看起来了。

一会儿,他就捧着书睡着了。我把书拿开,又摸了摸他的额头,好像又高了一点。我把毛巾打湿,铺在他额头上。过了一会儿,他醒来了,看见我又端了一杯水过来,他说了声"谢谢妈妈",然后乖乖地喝了。

问他晚上想吃什么,他说没胃口。我就给他煮了点青菜面,拿了点肉松给他过过,感冒了就要吃得清淡一点。

他吃得并不欢腾,但还是坚持把面条吃完了。我又摸了摸他的额头,好像又烫了一点。过了会儿,又用湿毛巾来降温,又让他喝水。

他迷迷糊糊又睡着了。不一会儿,又醒来了,嘴里嘟哝着:"作业。妈妈,我作业还没有写完。"

我掖了掖被子,跟他说:"放宽心。你生病了,作业就不用写了。妈妈跟老师说一下,没问题的。"这就又睡下了。

等他再次醒来,我问他感觉怎么样了。

他迷迷糊糊睁开眼睛说:"怎么整个家里都是 3D 影院,摇摇晃晃的,还有重影。"

这么说,还烧着呢。我摸了摸,又反复了。

我跟他唠叨:"平时要多吃姜、葱、蒜,还有醋。这些小东西看起来毫不起眼,却是防感冒的好东西。人多的地方不要去,运动完了,马上穿上外套。空调房里走进走出的,也要及时穿上外套,平时也要多锻炼,多喝水。"他点着头,有气无力地答应着。

我说:"幸好今天是星期天,而不是星期一。我们还可以休息一天。"

快快一下子鲜活起来,坐起来,嚷嚷着:"今天是星期一才好呢!"

我问:"为什么呀?"

他分析给我听,如果今天是星期一,那么他现在肯定写好作业了。因为无论什么情况,他不会把作业拖到星期一的。还有就是,星期天也已经过完了,今天又是星期一,他又感冒,又可以请个假,继续休息了。他的意思是,如果今天是星期一,他就可以名正言顺地继续休息,不用去上学,因为他感冒了。

我安慰他:"先看情况,如果明天你还这样,妈妈就给你请个假,星期一继续休息。即使感冒好了也需要巩固一下。而且,你每天早起练武术,也蛮辛苦的,还是趁感冒了休息一下吧。身体才是最重要的,身体好了,才可以继续学习啊。"

这样说着,他又躺下了。

这时候,他爸爸回来了。问了一下情况,又摸了摸他的额

头,发现温度是降下去一点了,人也睡得沉稳了。

这一觉就睡到了晚上六七点钟了。一醒来,快快又说:"哎呀,天都黑了,我的作业还没写。"

我们问:"还有什么作业。"他说还有一篇作文。

爸爸笑着摸摸他的头,说:"没关系的,不用写了。"

他说:"不,作为学习委员,怎么可以不写作业呢?"

爸爸说:"学习委员也有生病的时候呀,生病了就不用写作业了,老师会理解的。等身体好了,再把作业补回来,不就好了。"可快快还是不答应。

爸爸说："这样好了,你口述,爸爸来替你写,怎么样?"他还是说不行。

快快说："老师吩咐过的,写作文不但是练习写作,还是练习书法。每个字都要认认真真地写,才会越写越好。"

哎,真是拗不过他,他要写就让他写吧。于是,他让我给他穿好衣服,自己起来写作文。可是刚没写几句,头又开始发晕了,还是让他躺下了。他这才没有坚持。这样又迷迷糊糊睡着了,睡到了第二天早上,也就是星期一。

他一醒来,就大喊:"爸爸妈妈,我要上学去了。可是我的作文还没有写完。"爸爸拿出作文本,原来爸爸已经模仿他的笔迹,用铅笔写了一篇。

快快拿过去一看,爸爸模仿得还挺像。但是快快一下子就把爸爸代写的作文全部都擦了,又迅速地自己写了一篇。我看了一下,写得还挺不错,感冒感冒还感出灵感来了!我大声表扬他比爸爸写得好,原创的就是不一样。

快快骄傲地对我说:"妈妈,我昨天一边头晕,一边就在构思。没想到,昨天晚上做了一个很好玩的梦,我就把这个梦记下来了。"

哇哦,原来是梦中偶得啊。

快快又对我说:"妈妈,我现在好多了,我要上学去。"

第二辑

快
快
的
独
立
生
活

跟全世界一起睡

听完故事又玩过词语接龙之后,快快抱着自己的小枕头,很不甘心地叽里咕噜着:"叫我一个人去睡,你们两个人好哦,相亲相爱。"

哈哈哈,我跟他说:"我跟你爸爸1995年就认识了哦,跟你2005年才认识。"

伶牙俐齿的他一下子接不上话,走到隔壁房间去才过几分钟,又回来开了我们的门,歪着头说:"哼,我一出生就认识爸爸了,你到上大学才认识他。"然后吐了吐舌头,回去了。

为了培养他一个人睡觉的习惯,我们也不看书了,早早地进入黑漆漆的梦乡。

刚睡着,就感觉有毛茸茸的东西在蹭我,一看是快快。

他穿着小睡衣,揉着眼睛,摇着我。

"妈妈,我睡不着。已经数过山羊,也数过星星了。"

好吧好吧,我跟着他到隔壁。我们打开台灯的最低一档,就着微光"说说话"。

我问他为什么睡不着。他说:"空荡荡的。"

我跟他说:"空荡荡的不正好睡觉吗?挤着挨着,手也放不开,脚也放不开。"

他说:"有人跟没人不一样的。"

我问有什么不一样。

他说:"有人会有呼吸的,很安全的感觉。没人,就好像走丢了,很孤独。"

我问他什么是孤独。

他说:"孤独就是房子很大,时间很多,人一个也没有,除了自己。"

说得很哲学耶。"那你喜欢爸爸妈妈抱着你睡啰?"

"只要在旁边就可以,不抱也没关系。"说话的同时,就把腿搁到我肚子上了。

"可是,你们班的好多同学都已经一个人睡了。你还黏着爸爸妈妈,说明你长不大。"

"今天晚上,你先跟我睡。明天晚上我就一个人睡。"

呵呵,这个就像断奶一样的,当断则断,我生待明日,明日何其多。更多时候,是父母断不了奶呢,狠狠心,是为了孩子

好。我想等他睡着了,我再悄悄撤离吧。

可他就是新鲜得很,一会儿背古诗,一会儿词语接龙。关了灯之后,还是哩哩啰啰讲个不停。

终于睡意朦胧,身不由己之际,又强打起十二分的精神,对我说:"妈妈,你不会等我睡着了之后,就悄悄地回去了吧。"

晕……我忙说:"不会不会,你放宽心。天大地大,你尽情地睡吧。"

安静了没几分钟,又问:"为什么你们大人就可以一起睡,我们小孩反而要一个人睡,不公平。"

"大人长大了,已经独立。一起睡,也可以省一张床。"我这样回答,肯定糊弄不了他。只能又说:"等你长大了,找到了自己心爱的公主,你就可以跟公主睡在一起了。"见他不再问了,我也不说了。

不一会儿,听到均匀的呼吸声,那条腿还稳稳地压在我的肚子上,稍微一转身,他的小脚丫能够把我整个钩回去。尚在浅睡眠状态啊。

我也禁不住睡了过去。

夜渐渐地深了,他的呼吸声就在耳边,有人没人真是不一样的。孩子的身上总有一团特有的体香,果然是乳臭未干的,很好闻的气息。把他的脚丫轻轻挪开,把他的被子盖好,他已经深睡到毫无戒备了,我果断地撤离了。

我一夜睡不踏实。总想着,他还会回来悄悄站我床前,跟我说睡不着。但也迷迷糊糊的,就不管了。

终于听到了闹钟铃声响,我们都还迷糊着呢,快快已经穿好衣裤,骄傲地站在我们床前,大声宣布:"今天我第一个起床,并且昨天晚上我是一个人睡的。耶,我成功了,我成功了,耶!"原来,他也很希望自己能够一个人睡觉的。

他打开窗帘,清晨的阳光暖暖的,明媚而敞亮。

他说:"今天,是一个值得纪念的日子。"

我们忙说:"恭喜,恭喜。"

他说:"我还会烧早饭,爸爸妈妈你们再睡一会儿,我去烧早饭。"

他自己刷牙洗脸之后,把冰箱里的稀饭放微波炉里热了,端出来放到桌上,跟我们说:"我还会给大人做早饭。"

我们忙说:"厉害,厉害。"

一到学校,看见班主任就宣布:"老师,昨天晚上我一个人睡觉的。"看见同学,也一个一个宣布过去。到了晚上,澎湃的激情终于减弱了下去。他说:"妈妈,好想念我们三个人一起睡觉的感觉。以后我都不能跟你们一起睡了吗?"

我说:"双休日可以的。"

他又说:"我们家三个人三张床,有多少种睡法呢?"

我说:"这个是数学里面的排列组合,以后你会学到的。"

说来说去，他还是黏在我们房间了。

我提醒他："你已经宣布过了哦，老师和同学都知道你一个人睡觉了。你是有品牌的快快。"

他想了想，很勇敢地说："嗯，我想好了，我要跟地球睡，跟宇宙睡，跟八大行星睡，跟全世界一起睡。"说着，他头也不回地冲进了他的小房间。

懒妈妈，勤快快

　　从小我就跟快快说："你名字中的快先是勤快的快，然后是欢快的快。如果没有勤快地做事情，就没有欢快的生活。"

　　在不同的阶段我会交给他各种各样的任务，让他做各种各样力所能及的事情。比如，让他管理阳台上的几盆花。

　　我跟他说："未谙花习性，莫做养花人。好好的花交给你，你忍心把它养死吗？你当然喜欢它茁壮成长，开出好看的花。至于每一种花应该怎么养，你可以去图书馆查资料，也可以到网上去寻找答案。我就把花交给你了。"

　　果然，他很认真地去查资料或问人，哪些花喜阴，应该少浇点水；哪些花喜阳，要多浇浇。这些他都知道了个大概。我还给他买了一盆草莓，让他一边养草莓，一边观察草莓。

　　"草莓的形状像什么？"

他说:"像一颗红红的心。"

"一粒粒籽像什么呢?"

他问我:"妈妈你说像什么呢?"

我说:"因为它太娇嫩,又没有壳,没有皮,很怕被欺负。所以长出了很多小心眼。但不是坏心眼。"

我让他观察一颗草莓从青到红需要几天。这些都可以写到他的日记或者小作文里面,一颗红透了心的草莓难道不值得我们一天一天地浇水,一眼一眼地等待吗?

然后我还让他做家务活。拖地还拖不动,那就扫地。一开始,他有过小小的抗拒,他觉得扫地是妈妈的事情,他只要把自己的作业做完就可以了。

我跟他说:"你也是家庭成员之一,难道你不想为我们共同的家做点什么吗? 当一个人有所付出的时候,他的享受才更加心安理得,他会感到很快乐,也很充实。勤劳的人,他的心里永远是坦荡荡的。"

他听着觉得挺有道理,就试着开始扫地,扫着扫着,就有点喜欢了。

扫了几天之后,我问他:"扫地有什么要领吗?"

他想了想,说:"我知道。扫把一定要拿稳,不然会掉在地上'哐当'一声。扫的时候,小角落也要扫到,然后把垃圾归到中间来,还有就是把垃圾扫进簸箕的时候最难了。左手要把簸箕固定住,右手要把垃圾准确地扫到簸箕里面,如果还有漏掉的垃圾,那就要把簸箕退一步,再把垃圾扫进去。"

是哦,什么叫实践出真知呢?不是亲手扫过,又怎么知道地怎么扫呢?

我在想着,快快已经读二年级了,可以给爸爸妈妈做早饭了。于是,在星期天的早上,我让他先起床,给我们做早饭。

他很快就起床了,兴奋地对我们说:"爸爸妈妈,你们还可以再睡会,等我烧好了早饭,叫你们吃早饭。耶,我会烧早饭啰,我会烧早饭啰,耶!"

兴奋过后,问我:"我烧什么早饭呢?我又不会烧饭。"

我跟他说:"很简单。把冰箱里妈妈包好的那盆生的饺子拿出来,把电饭煲打开,放进两大碗水,再放进那个小小的铁蒸笼,再把饺子连盆放在铁蒸笼上,最后把电饭煲插头插上,按下'煮饭'键就好了。"

他把步骤一点一点记住了,忘了就回来问,不停地在厨房和卧室里穿梭。在此同时,我又让他把卫生间的衣服放进洗衣机里面洗。

我还告诉他:"这个叫作统筹方法。在同一个时间里,我们可以同时做两件以上的事情,这是节约时间的最好方式。"

他乐颠颠地奔来跑去,一会儿洗衣机叫了,一会儿我跟他说二十分钟到了,饺子蒸好了,可以把电饭煲插头拔掉了。这

时候,我们才起床,大声赞美他的早餐是多么的鲜美,多么的好吃!

看他吃好了,我又让他去晒衣服。

这时候,他终于意识过来了,对我说:"妈妈,你也太懒了吧,什么事情都叫我做!"

哈哈。我跟他说:"都是为了培养你啊。懒妈妈才能培养出一个勤快快。你想想看,平时这些事情都是谁在做呢? 爸爸妈妈只有比你做得更多呀,我们都要去做,抢着去做。大家都喜欢勤劳能干的人,无所事事的人才是不受欢迎的人呢。"

快快把衣服晒好了,说:"这下我们可以出去玩玩了吧。"当然要去玩了,而且还要痛痛快快地玩!

我问他:"做过事情之后,玩起来是不是更痛快呢?"

他点头说:"是。"

孩子,这些事情,妈妈都可以代劳。但妈妈不! 妈妈只想让你从小就明白一个事理:勤劳是唯一的智慧。什么样的聪明才智,不去做,都是零。而即便不那么聪明,只要刻苦努力地去做,总有所成。

天道酬勤,说的就是这个道理。

小主人范儿

奶奶打电话过来,快快一把抢过去接。奶奶用温州话问:"姆啊姆,你屋堂底打台风了冇?"

快快一听就懂了,用普通话回答:"有台风,有台风,很大。雨下个不停,路上都被水淹了,车都过不去。"

奶奶继续道:"你当心,别乱走啊。"

快快笑道:"奶奶,你也当心。我们都在家里,没出去。"

奶奶又讲了句什么,这次快快没听懂,但他还是霸占着话筒,很豪放派地对奶奶说:"奶奶,有什么好怕的,让暴风雨来得更猛烈些吧!"

我们差点笑昏倒。随着快快一岁岁长大,不得了了,小主人范儿是越来越浓了。他看见我们都有钥匙,自己非得也要一串,钥匙扣都准备好了,准备拴在牛仔长裤上。

我们跟他说，你上学爸爸送，放学妈妈接，根本就用不到钥匙，万一丢了可不好。等你高年级，学校允许自己回家，不用接送了，再给你。

他不说话了。对于整天活蹦乱跳的他来说，沉默就代表不高兴了。还是爸爸想到一个小妙招，把家里的信箱钥匙递给他。这下，他可高兴啦。这把小钥匙金灿灿的，小巧玲珑，他就真的像拿了把金钥匙，每天放学就拿出金钥匙开锁拿报纸、杂志。那满脸的兴奋，仿佛在告诉大家："我是个有钥匙的人了！"

一家人静静地在家里备课、写作业，一有风吹草动，他第一个反应过来，并且以第一速度赶往第一现场。门铃响了，他从自己的小书房飞奔过来，拿起话筒，问："请问你是哪位？"快递哥上门，他接过货单，签上自己的名字，跟那人说："辛苦了，谢谢！"然后拿过剪刀，欣喜若狂又小心翼翼地拆开包裹。我们批评他不专心，老是关注周围的事物，他这才回到书房接着练字，写作业。

唉，所谓知子莫若母嘛。谁叫他百分之九十九像极了老妈我呢！我们就是静不下心来的那一类人。种种古道热肠、忧国忧民啊。我们对于周遭的人群有十二分的好奇，对于新鲜的事物充满期待。对于一点点的方位的移动和时间的更迭，都如狡兔般敏感。而且我们始终以主人翁的精神热切关注目之所及、心之所向的一切。

打住打住,把话说回来。

又有一次,我们还在午睡呢,门铃响了,之前约好的装修工人上门了。

我赖着没起床,跟快快说:"儿子,妈妈再睡会。你去接待一下。"

他一骨碌爬起来,打开门,对装修工人说:"叔叔你好,我妈妈在休息,你进来吧。"

对方问:"小朋友,你们家有鞋套吗?"

快快答:"没有鞋套哎,要不你穿拖鞋吧。"

说着,快快从鞋橱里拿了双拖鞋给他。

接着,他指着客厅的墙壁对师傅说:"你看,我们家这面墙有些地方发霉了,是暑假高温的时候发现的。我们也弄不清楚是因为高温天气太闷,还是因为哪里漏水了。前几天,物业去看过我们隔壁家的这个位置,他们也是客厅,他们的墙壁上也发霉了。所以,麻烦你把墙壁重新粉刷一下,谢谢!"

哈哈,对方就夸他厉害,问小朋友几岁了,在哪里上学。他一一回答。

他一直陪着叔叔粉刷墙壁,还跟叔叔聊天,分析墙壁发霉的原因。叔叔看他像个小大人,太好玩了。他给叔叔倒了杯水说:"谢谢你,辛苦了!"

把装修工人送走的时候,快快满脸的骄傲和幸福。他觉得

他拥有了独当一面的魄力和处事不惊的才能。他还把为娘的被子掖了掖,跟我说:"妈妈,别着凉了。"回过头又跟我说:"妈妈,我一定要好好学习,好好读书。总有一天,我上知天文地理,下知鸡毛蒜皮。等我学到了更多更多的知识,掌握更多更多的本领,诸葛亮也只能改名叫诸葛暗了。"

哈哈,这就是我们家自恋又可爱的小主人,更不用说在学校里了。

他当了学习委员,除了自己认真学习之外,还要管理全班同学的学习。早上早早去学校领读,下午把老师布置的作业抄写在黑板上。

前几天,马老师请了婚假回家结婚去了,他拍着手蹦啊跳啊,说是等老师回来就有喜糖吃了。同学过生日,他比自己生日还开心。

开学初,从学校里发回来一堆书,我看好几本都皱巴巴的。"新书新书,怎么一点都不新呢?"

他说:"这是一叠书里面的最后一本,被压坏了,但用还好用的。"

我说:"你怎么不跟老师换呢?"

他忙道:"那老师把皱的书给了其他同学,其他同学也要抱怨的呀。"

我反问他:"那你宁可自己抱怨?"

他看了看我，满不在乎地说："我不抱怨不就行了？就是皱了一点，有什么关系嘛。读书是读知识，又不是读书本。"

我郑重地看了他一眼。小主人真的长高长大了，越来越像个小主人了。

宝贝，你就是妈妈心目中现在的更是未来的主人翁。你尽情地吸收文化知识和精神养料吧，不远的将来就是你们小人儿施展身手、大有作为的那一天。

吃苦真好啊

快快从学校回来,开心极了! 向我报告:"妈妈,妈妈,好消息,好消息! 我进入提高班啦!"

我问:"什么提高班呀?"

"武术提高班呀!"

"这么开心啊!"

"当然啦,我们老师很严格的,我早就想进提高班了,但是老师说我动作还做得不够稳。我就每天留下来多练一会儿,现在老师终于让我进去了!"他一脸得意的神色。

连我也看得出来,他的武术基础并不算太好。任何东西都是要有天赋的,练武术也一样。虽然他小嘴巴能说会道的,确实有些语言天赋。但是武术上面真的没有。但是他从小痴迷武术,我也不知道这种痴迷是从哪里来的。只要在放李小龙、成龙的电影,他就会目不转睛地看。《功夫熊猫》更是看了一遍又一遍,一遍又一遍,中文版的,英文版的,连粤语版的都看了好几遍。有一段日子,天天背里面的台词,背得朗朗上口。

"从来都没有什么意外!"

"你的心好像这潭湖水,如果波澜起伏,就会模糊不清,但是如果平静下来,答案就清晰了。"

"你要相信,你所要做的就是相信。"

快快一会儿演熊猫,一会儿演师傅,在那里自言自语,不亦乐乎。

就是这种痴迷,让他进了学校武术队。

本来,他并没有被老师挑中,但他硬是缠着老师学,老师也被他打动了。但他真的没天赋,扎个马步会摇晃,翻个跟斗老是摔倒。

武术老师很幽默,说他一开始,动作像土匪。其他小朋友已经耍棍弄枪了,他还在练基本功。为了能够一直留在武术队,他练得比其他小朋友更刻苦。早上天没亮,"唰唰"起来了,到学校练武术去,风雨无阻。咳嗽、感冒的,从来不请假。

我问他:"老师是说你现在练得好起来了,所以让你进入提高班的?"

他老老实实地对我说:"没有。老师说我的动作还是不够稳,但是老师表扬我有很大的进步!" 啊,有进步的孩子就是

好孩子啊。只要一直在前进,总有美梦成真的那一天。

"那你要不断努力啊!"我也很为他高兴。

他点点头说:"嗯,老师说因为我能吃苦,所以让我进提高班了。妈妈,那时候我心里想,吃苦真好啊!"

我为他的最后一句话感动了。我抱了抱他,问他:"吃苦怎么好呢?"

他一板一眼地说:"你看,如果我不吃苦,不努力地练武术,我就没有进步,老师就不会让我进提高班了。因为我每天都吃苦,不停地练,不停地练,我就有进步了。所以,老师就让我进提高班了。而且,老师告诉我,只要我一直都这么吃苦,不怕累,不怕苦,我以后还会有更大的进步。"

我看着快快,他的双眼满是闪闪的光芒,我甚至有些羡慕他了。

我跟他说:"其实吃苦真的是幸福的一件事情。你吃了苦,就会感到很踏实,也很充实,自己会很有成就感。只要你吃苦,肯定会有收获。当你收获的时候,你就会格外幸福。因为你的果实上面挂着的是你的一滴一滴的汗水。那些汗水是晶莹的汗水。"

快快也很有感触:"妈妈,没有苦,哪里有甜呢?"

我跟他说:"你知道什么东西最苦吗? 那就是黄连。黄连是一种植物,同时也是一味中药。它非常非常苦,但它能够祛湿降火、清热解毒。黄连很苦，却是良药。你知道妈妈一生下来，外婆给妈妈吃什么吗? 不是母乳，是黄连! 在妈妈的家乡，所有的小孩子第一口吃的都是黄连汤。"

快快皱皱眉头说："那不苦死了?"

我笑了笑，跟他说："其实新生儿吃黄连，很有好处。黄连可以去掉黄疸和湿疹。因为新生儿从来没有吃过东西，所以他也不知道什么是甜，什么是苦。所以让他们吃一口黄连，他们也没有太大的反应。但是吃过黄连之后，再吃母乳，那感觉就完全不一样了。他会懂得母乳是多么甜美的食物啊，就吧唧吧唧不停地吸。因为吃过苦，就知道甜有多么甜。如果一开始就很甜，那么再甜都没有什么感觉了。第一口吃黄连，也是一个重要的仪式。"

"什么仪式?"快快问。

"就是告诉我们，人来到这个世界上，首先是要学会吃苦。学会了吃苦，那么什么都不觉得苦了，再来吃甜的东西，就会很珍惜，很感恩。"

这么说起来的时候，快快不禁对黄连有些向往了："妈妈，黄连到底有多苦，让我也吃吃看? 黄连和蜂蜜肯定就是一对反义词。"

是啊，我们都尝到过蜂蜜的甜，但你可知道蜜蜂的苦? 蜂蜜里面藏着蜜蜂的千辛万苦。所以有一首诗是这样写的："不

论平地与山尖,无限风光尽被占。采得百花成蜜后,为谁辛苦为谁甜。"没有苦,哪有甜? 每个甜里,都藏着苦。

我说:"你们现在都是在很好的医院里面出生的,配备的设施不要太好,哪里还有黄连吃呢? 但是越是生活好了,我们越是不能忘记要去吃苦。吃苦不一定说你要去吃黄连,而是说你要勤奋、刻苦,有顽强的拼搏精神和坚强不屈的意志。尤其是在逆境的时候,依然要坚强乐观,苦中作乐。会吃苦的人就是了不起的人,也是打不败的人。"

把家里那个快快管好

刚上小学的时候,快快每天回来,满嘴都是"老师说""老师说",对老师崇拜得不行。

我笑问他:"爸爸妈妈也是老师啊,你怎么不听呢?"

他脱口而出:"你们又不是我的老师!"

我一下子蒙了,仔细想想,可不就是么,父母始终是父母。在孩子心目中,不管父母是干什么的,父母就是父母。父母担当父母的职责,老师担当老师的职责。当然,父母有时候也可以是老师,老师同时也为人父母。

所以,我去接他的时候,从来不问老师他在学校里的情况。每天放学,都有那么多家长围着老师,老师已经够辛苦的了。老师要回答这个,又要回答那个:这个学生中饭吃得怎么样;那个学生上课有没有开小差;这个学生数学怎么退步了

呀;那个学生课堂作业做得怎么样。老师整个就是答家长问，没有个几十分钟，不会结束。时间长了，快快也看出来了，问我："妈妈，其他小朋友的家长一碰到老师就不停地问，你怎么都不问老师呢? 你一点都不关心我在学校的情况吗?"

我跟他说："妈妈也是老师，最能体会老师的辛苦了。你看，老师一天下来，已经很辛苦了。上课之前要备课，上课之后还要开会。妈妈不愿意再打扰老师了。当然，家长们的心情可以理解，哪个家长不希望自己的孩子在学校里能够得到最好的教育，能够得到老师最大的关注呢? 但是，你想想，这给老师增加多少的负担啊，老师要站在那里不停地回答家长的提问，多辛苦，多累啊。所以，妈妈就不问老师了，妈妈相信老师，也相信你!"

"妈妈，那其他家长为什么就不停地问呢?"快快问我。

"因为每个家长都会望子成龙、望女成凤，总是希望自己的孩子有出息、有作为。所以，就希望他们从小好好学习，努力学习，刻苦学习，等到长大了，就会有很好的成绩。因此，这些家长很希望了解自己的孩子在学校的情况。"

"那妈妈你为什么不想了解呢?"

"妈妈并不是不想了解。其实老师要说的话都已告诉妈妈了，妈妈不需要再去问老师，就知道你在学校的情况了。"

"妈妈，你是通过什么了解的呀? 难道你会像放电视一样，放到我们在学校里面发生的事情？"

"哈哈，你以为妈妈是顺风耳、千里眼啊？妈妈可以通过你的作业了解你的情况啊。老师给你们批改的作业里面，都会批注一下——字写得不够端正，或者说课本背诵不够熟练。这些都是告诉妈妈你所欠缺的要努力的地方呀。等你回家了，妈妈就会通过老师的批注对你做出调整。再说了，你们不是还有一本家校联系本吗？如果妈妈有什么疑问，完全可以在这个本子上留言，老师有什么要对家长说的，也完全可以在这个本子上留言。这样，妈妈虽然不用问老师，也完全知道你在学校的情况了。"

我继续说："再说了，妈妈相信老师是不会特别偏袒哪一个学生的。因为老师的成绩就是通过学生的表现来体现的呀。如果这个班的同学上课认真积极，课外活动丰富多彩，学习成绩很不错，那么这个班的老师就是优秀的老师。所以老师想要成为一个优秀的老师，就不可能放掉哪怕一个同学。所以，妈妈没有什么好担心的，妈妈相信老师都会用心去教你们的，就像每一个园丁都会用心去浇灌他园子里的每一朵花。"

快快点点头说："嗯，老师说我们每一个小朋友都很可爱，都有自己的特长和优点。每一个人都把自己的优点发挥出来，我们的班级就是最棒的班级。"

"是啊，如果一个人能做到扬长避短，那就是了不起的人。

因为他会越来越厉害,越来越优秀。而且,妈妈也相信你啊。妈妈相信你在学校里面能够好好学习,天天向上的。妈妈也相信你在学校里能够跟同学们友好相处。其实,每个同学都有自己处理事情的一套方式,只要他能够发挥自己的优势,那么顺其自然就是最好的教育。"

"妈妈,什么叫作顺其自然?"快快很好奇。

"顺其自然就是说要顺着孩子的天然优势,顺着孩子本来就有的特长和优点,加以点拨和引导。这样就能够起到事半功倍的效果。孩子也很高兴,感觉自己是小主人,能够根据自己的兴趣爱好做事情。而且因为得到尊重和赞美,他就会更有积极性。而不是破坏孩子天生好的东西,横加管理,这样反而管不好,而且还会引起孩子的反感。"

"那妈妈,你不管我了?"

"怎么会呢? 你一回家妈妈就管你了呀。管你吃饭,管你写作业,管你说话的方式、做事情的方式。妈妈把家里的这个快快管好,老师把学校里的那个快快管好,那就等于把家里和学校里的快快都管好了呀,我们就等于管好了祖国的未来了呀。"快快哈哈地笑了。

我接着说:"当然了,管是为了不管。如果你能够自己管自己,那就是最厉害的快快了! 因为你现在还小,所以老师管你,爸爸妈妈管你。等你渐渐长大,你也要学会自我管理。"

放学后自己回家

　　快快羡慕极了五年级和六年级的同学,因为学校允许他们自己去学校,自己放学回家,而五年级以下的同学不允许。

　　看着大哥哥大姐姐骑着自行车自己上下学,很拉风的样子,快快自言自语道:"我也会骑自行车呀,为什么就不让我自己上下学呢?"于是,他就盼望着自己早点读五年级。

　　其实我们家离学校不远也不近,走走大概十五分钟的时间,但是真要小学生自己去走还是不放心的。毕竟路上车水马龙的,有一个闪失可不好。所以,学校的规定还是有道理的。

　　但是在快快看来,这条路太熟悉了,都经过三年半了,每天来来回回,按快快话说,哪里有红绿灯,哪里要转弯,背都能背下来了。走人行道,一停二看三通过,不就行了?

　　家里分工是这样:爸爸烧早饭,送快快上学。妈妈买菜,烧

晚饭。爸爸接快快放学。妈妈辅导快快语文作业,爸爸辅导快快数学作业。如果爸爸有事走不开,那就通知妈妈去接。

话说这一天,爸爸有事出去,先前以为自己赶得回来,就没有通知我去接。后来发现,来不及了,才打电话给我。而我恰好也有事赶不回来。我就赶紧打电话给快快的同学的家长,让他们帮忙接一下。

但放学时间已过,他们早已经把孩子接回家了,只好自己想办法了。

这时候,快快打了个电话回来,说爸爸同意他自己走回家。电话显示的号码是个陌生手机号,他肯定是借了老师的手机打过来的。

我赶紧跟他说:"你再等等,别自己走,妈妈想办法。"

他说:"妈妈,你放心吧,我都四年级了。再说了,还有个同学家长也来不了,我跟这个同学手拉手一起回家。"

那个同学倒是也和我们同小区的。多一个同学一起走,当然就更安全一点。我在电话里嘱咐他:"那你们一定要手牵着手走,路上一定要小心,小心,再小心。来往的车辆要看好,红灯停,绿灯行,慢慢走,沿着路的右边走,记住了没有?"

快快说:"妈妈,你放心。我走到一半的时候,再给你打个电话。"说着,把电话挂了。

很小的时候,他怕自己走丢,一旦看不到爸爸妈妈,就会向旁边的叔叔阿姨借手机打电话给我们。比如说在一个公园的草地上玩，跟小伙伴踢球、追跑，我们看得见他，他一转身没有看见我们，马上一个陌生电话就过来了："爸爸妈妈，你们在哪里啊？"

他倒是有一套和陌生人打交道的本领。他不怕陌生人，也不会不好意思，不怕难为情。

他会走上前去，微笑着，很有礼貌地说："阿姨您好，我能借您的手机用一下吗？我看不见我爸爸妈妈了。"

人家看他小大人样，挺好玩的，就把手机给他。这不，过了个十来分钟，另一个陌生电话来了："妈妈，我们走得很慢，很安全。我们现在已经到物美超市了，你放心吧。过一会儿，就能到家了。"

我跟他说："好的，你要把同学的手牵好，你们两个人都要安全，看好路上的车辆。知道没有？"

他应了一声，然后挂了电话。

我在想，成长的路上总要走出第一步的，前怕狼后怕虎的总不行。这一次让他体验一下自己回家的感觉，到了五年级他就更有经验了。

正这样想着的时候，又一个陌生电话来了："妈妈，我和同学已经到小区了。你们还没回来，我就在我们这幢楼下这个亭子里写作业吧。你自己路上小心。"哈哈，还懂得嘱咐我了。

过了将近一个小时,等我和他爸爸陆续回到家的时候,他和同学还在亭子里写作业。这个亭子里有木桌子、木凳子,真是写作业的好地方。

一阵阵的桂花香飘过来,远处是看得见的钱塘江水。晚风轻轻地吹着,夕阳西下,两个小小少年翻开本子写作业。这是多么美好的一幕!

我问他,自己走回家什么感觉啊?

他兴奋地告诉我:"感觉好极了! 一路上,好像那些树和石头都在对着我们笑。好像对我说,你好厉害哦。我好羡慕你哦,你可以走,我不可以走。你走得那么快,一定很幸福吧。我们只能站在这里,看这么一点点风景,你们可以看到那么远那么远的风景。"

哈哈,我说:"你在写童话呢!"

爸爸问:"那你怎么跟树和石头说呀?"

快快说:"我就跟他说,是啊,我是自己走回家的。我可以走很远很远的路。我当然可以看见很多很美的风景啰。但是你们也别伤心,我会把很远很远的风景都写成作文,读给你们听,好不好? 然后,树和石头又都笑了。"

哇哦,一次自己回家的经历有这么美好的感觉呢! 对于快快来说,这何尝不是一场小小的快乐而又新鲜的旅行呢!

太不尊重儿童了

　　每当教师节快到的时候,快快都会很开心。每天回家,都在那里想:今年教师节,送老师什么礼物好呢?除了送老师礼物,还要送爸爸妈妈礼物,因为爸爸妈妈也都是老师。

　　当我们也很开心地收到他做的小礼物时,快快突然噘着小嘴,嘟哝起来:"爸爸妈妈,你们老师都有教师节,我们小学生却没有学生节,太不尊重儿童了!"

　　"你们有儿童节啊!"我笑着跟他说。

　　"那你们节日才多嘞,爸爸有父亲节,妈妈有母亲节,妈妈还有妇女节。可我们就只有一个儿童节,一年也只能过一个节,太不尊重儿童了!"

　　哈哈,儿童的节日果然是不多呀。

　　"可是,你不觉得你天天那么开心,天天都像在过节吗?"

爸爸反问他。

"如果能送给我们几个节日,我们就更开心了!"他蹦着跳着走开了。

我们时常带着运动器材到江边草地上运动去。快快跟小朋友玩足球,我和他爸爸打羽毛球。

他踢了一会儿足球,很羡慕地看着我们俩一个球去一个球回地打,还在一旁数着打了多少个。数到一百多个的时候,他兴奋极了,拍着手说:"加油!加油!一百多个了,球还没有掉!爸爸妈妈,继续努力,打到一千哦。"说话间,就掉了球。

快快连忙去捡球。爸爸说要教他打羽毛球,我把球拍给他,爸爸跟他讲了动作要领。一开始,球刚抓手上,就掉下去了,球和拍都对不准。长长的羽毛球拍拿在手里,怎么打都不协调。

他又开始嘟哝:"这个拍这么长,叫我拿哪里呀。怎么都没有我们专用的羽毛球拍,太不尊重儿童了!"我和他爸爸又笑昏倒。

我跟他说:"儿童球拍有的,马上给你买。"他这才开心地笑了。过了几天,他就拿着迷你型的儿童球拍跟爸爸打得有模有样了。

　　快快睡双层床，开空调怕他受凉，我就给他装了个小蜻蜓吊扇。一圈一圈扇着，可清凉了，他靠着枕头，在吊扇下面翻着书看。一会儿看看书，一会儿看看迷你小吊扇，自言自语道："这么小的电风扇，太不尊重儿童了！"嘴角又分明是笑着的。

　　我过来，故意说："你不喜欢，就把它拆掉。"

　　他忙不迭地说："别，别，妈妈，我现在是正话反说，老师说这是一种修辞手法。"

　　冬天的时候，怕他冷，给他一个热水袋，最小号的那种，外面还包着一层毛茸茸的布。给他灌好热水，捂在被窝里暖脚。

　　第二天起来他跟我说："妈妈，妈妈，这热水袋也太小了吧。半夜里就凉掉了，谁发明的呀？太不尊重儿童了！"

　　我赶紧给他换了个中号的，一夜暖到天明。他又开心了。

　　假期的时候，我们带他到书店。书店里满是席地而坐的小朋友，童书专柜里都是他们爱看的书。快快也像一条快乐的鱼迅速加入快乐的鱼群，一本一本看下去，一页一页翻开去。

　　我问他："这么多都是给你们儿童看的书，有这么多叔叔阿姨为你们写书，是不是很尊重你们儿童啊？"

　　他依然看着书页，满意地说："妈妈，这些书太好看了，太

尊重儿童了!"

有时候,在街上看到乞讨的人,快快都会向我要些零钱给他们。他不是扔给他们,而是蹲下小身子,递给他们。

乞讨的人中,也会有小孩。跟他差不多大的小孩。他们没有书读,没有稳定的生活,这餐吃饱了都不知道下餐在哪里。

快快非常同情他们,跟我说:"妈妈,怎么回事啊? 都没有人管这些穷人吗? 怎么都没有人给他们吃的,让他们在外面讨饭! 还让小孩子也在外面讨饭,太不尊重儿童了! 他们就像《三毛流浪记》的三毛一样可怜!"

我说:"是啊,我们比他们幸福多了,等你长大了,学了更多的知识和本领,你就可以帮助天底下更多的儿童。"

快快心情沉重地点了点头。

别以为孩子不懂事。他不是生活在真空中的,他生活在跟我们一模一样的世界里。他也会有他的眼睛,他的想法和他的思考。

电视里面也偶尔会有贩卖儿童的报道,快快看着那些画面,义愤填膺地说:"太可恶了! 这些人贩子太可恶了! 难道他自己没有小孩吗? 这些小孩多可怜啊,被抓走了,还不许喊救命。要吃没的吃,要喝没的喝,还要被打,爸爸妈妈都见不到! 这些坏人,太不尊重儿童了!"说完,他用遥控器把电视关了。

　　是啊，这是一个并不完美的世界。对于儿童，我们又做到了多少？还有多少儿童在不安和痛苦中挣扎？还有多少儿童被遗弃、被凌辱？这个世界，太不尊重儿童了！

　　我同时想起的是张晓风的一篇散文《世界，我交给你一个孩子》和鲁迅先生差不多百年前的那一声呐喊——"救救孩子!"

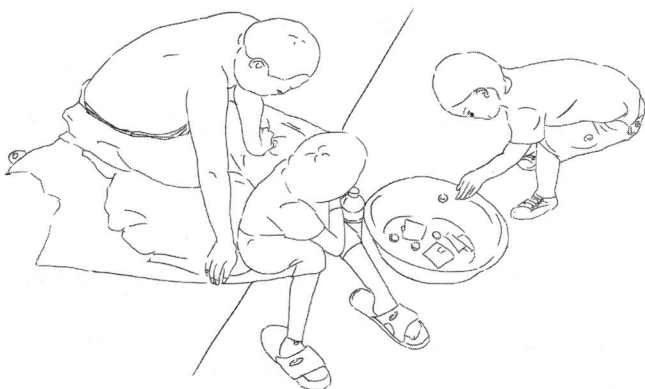

我们家还有钱吗

每当爸爸妈妈说起工资啊,红包啊,年终奖、银行存款之类的,快快都会非常警觉地问我们:"爸爸妈妈,我们家还有钱吗?"

我和他爸爸又是一阵笑。看来,小孩也不是完全无忧无虑的呢,他随时观察着周围的事物,感知着自己的处境,具有与生俱来的戒备之心和忧患意识。有时候甚至是忧天忧地、忧国忧民、忧家忧自己的呢!

"哈哈,这么说,你也很需要安全感的啰?"我笑问他。

"那当然了!如果没有钱,我们吃什么,喝什么?学也没的上了,旅游也没的游了!"他一连串地蹦出这些话来。

"那你说说看,钱有什么好处啊?"爸爸逗他。

他很认真地回答道:"钱就是金元宝,亮闪闪、金灿灿的。

钱也是钻石,那个耀眼啊,把人们的眼睛都差点亮瞎掉!钱就是黑暗里的亮光。"

哈哈,我看他眼睛里都写着"$"的样子,笑他是个"土豪快"!

他反问我:"妈妈,你小时候不也是一个小财迷么?"

呵呵,我倒是跟他说起过我小时候赚零花钱的故事。他都听过 N 遍了,还摇着我:"妈妈,你再说一遍嘛,再说一遍嘛!"于是,我又再说了一遍:

"那时候,妈妈读小学,没有很多的零花钱。大家都没有很多的零花钱。但是呢,学校门口香喷喷的东西太多了。各种糖果啊,诱惑得我们每天上学放学路过的时候都要看上好几遍。这时候钱在妈妈心里面就像你所说的亮闪闪的,闪得都睁不开眼。做梦都梦见自己捡到了金元宝,撞上了摇钱树。拼命地摇啊摇,都摇不下来。好不容易摇下来一枚铜钱,又醒了。"

听到这里,爸爸都笑了,跟快快说:"妈妈也太财迷了吧。"快快对着爸爸做了个"停止"的手势,示意我继续讲下去。

"妈妈想,外公外婆赚钱也不容易啊,老是向他们要零花钱也不好。所以,妈妈就想着怎么去赚钱了。听隔壁的姐姐说,到山上去采草药可以卖钱。妈妈就跟着她去了。每天一回家就去山上采,采了好多好多,然后把它们晒干,卖到供销社去,这样就换了好几毛钱。虽然钱不算多,但是买买零食已经很阔绰

了。于是,妈妈几乎每天都能吃到学校门口卖的那些馋人的糖果了。"

哇,快快露出羡慕极了的神色,说:"妈妈,你太厉害了!快点,快点,你接着说其他的赚钱方法!"

"哈哈,后来妈妈发现包纽扣更赚钱,于是就去学习包纽扣。有些衣服需要布纽扣,像旗袍啦,呢大衣啦。

"什么是包纽扣呢? 就是在塑料纽扣外面包一层布。妈妈还清楚地记得,每包一颗布纽扣就能赚 4 分钱呢,包上 10 颗就是 4 毛,就可以买 4 颗糖呢。

"妈妈很快就学会了包布纽扣。先呢,把布剪成一个一个小圆形,要比纽扣大一倍的样子,然后把纽扣放进小圆形的中心,然后再用针线把它沿着纽扣缝起来,包起来! 妈妈包得又快又好,赚了很多零花钱呢! 后来买糖都用不完,就买了很高级的铅笔盒和很香很香的橡皮擦,同学们可羡慕了!"

快快问:"妈妈,那外婆是表扬你呢,还是批评你呢? 外婆支持你赚零花钱吗?"

"哈哈,外婆也是很开明的哦! 外婆说,只要不影响学习,你就去赚吧! 为了能够继续赚零花钱,妈妈当然要更加努力学习才行。后来,妈妈还去剪皮手套。就是在一张大大的皮革上,用模型剪出一双手套的样子,然后交给工厂去做成皮手套,每剪一双能赚 9 分钱呢! 你看,那时候的小学生厉害吧!"

快快无比羡慕地看着我："妈妈,再说,再说!"

"还有呢,外公家住海边,岸边的海涂泥里藏着很多很多的小螃蟹呢,妈妈就会在大太阳底下去抓螃蟹,抓了螃蟹到市场里去卖。中午热的时候,螃蟹最受不了了,就会纷纷跑到洞外面来,感觉到有人走近了,它们就会迅速回到自己的洞里去。由于是刚刚跑回去的,就不会藏得太深,妈妈一抓就把它们抓住了!主要就是这些赚钱方法啊,现在回忆起来妈妈的童年真是很富有、很甜蜜呢!花不完的零花钱,吃不完的小零食,学习又好,课外活动又丰富!"

连爸爸都羡慕起来!但爸爸跟快快说:"你先把学习学好,不愁将来没机会赚钱呀!你现在的主要任务就是读书呀!"

快快摇了摇头,斩钉截铁地说:"我要向妈妈学习,一边读书,一边赚钱!钱赚得越来越多,书也读得越来越好!"

爸爸说:"别激动,你还小,赚钱慢慢来。一个人老是钻在钱眼里可不好。钱是要赚的,但还有比赚钱更重要的事呢。"

快快说:"我可以力所能及地赚一点小钱,证明我也会赚钱,这总可以了吧!"

说完,拿出发表的小文章,跟我们说:"喏,爸爸妈妈,这也是我赚的钱呀。我都有两篇文章发表在小学生刊物上了,稿费都收到过两次了,每次 20 元,一共 40 元。这也是我自己赚的钱,我比妈妈赚得多!"

我赶紧说："对对对,你厉害,你厉害!"他爸爸看着我,我们俩偷偷地笑了。

过了几天,爸爸说有一个好消息,小区里要举行一个跳蚤市场的买卖活动。我们可以把小时候玩过的现在不要了的玩具拿去卖。快快开心极了,坐在摊位上,认认真真当起了小掌柜。看着他小时候的玩具被那些小孩开心地买走,快快比他们更开心! 一开始他还不好意思吆喝,到后来,已经卖出感觉来了,一迭声地叫着:"买一送一啰,买一送一啰,走过路过,不要错过,不要错过啊!"哈哈,还不忘记数着百宝箱里的成交额,都有 70 多块了呢!

他暗暗跟我使眼色:"妈妈,我们发财了!"

小财迷啊! 小嗓子喊哑了,都不买矿泉水,说是太贵了,还是等会儿回家再喝吧!

一把青菜是多少

过了生日之后,快快嚷嚷着要独立。

"妈妈,我都已经十岁了,我是小大人了,不要再把我当小小孩看了。我要有自己的一串钥匙,家里的信箱由我开,垃圾由我倒,我自己的袜子自己洗。还有,妈妈,你交给我一些任务让我去完成吧。"

那好啊,干脆就让他买菜去。

快快一听,乐开了:"爸爸妈妈,等着吧,我一溜烟过去,一溜烟回来。看我的!"说完,就要开门出去。

我说:"你急什么呀,你以为买菜很简单吗?买菜可不简单呢!"

"那还有什么难的呀?"快快疑惑地看着我。

我交给他100块钱,跟他说:"怎么不难呢?首先,你要

把钱放好,钱放小钱包里,拉链要拉好,钱不能丢掉,不然你就买不了菜了呀。还有呢,每样东西要多少钱,要找回多少钱,都要算好。"

快快接过钱,点点头,把钱放好。

然后看着我,问:"然后呢,妈妈?"

"然后呢,你拿一张纸和一支笔来,妈妈告诉你要买什么菜。"他赶紧照做了。

"一条排骨、六个鸡蛋、一条鲈鱼、一根莴苣、一个大土豆、一根胡萝卜、一个青椒、一把青菜。"等快快记好了,我检查了一下,嘱咐他:"就按照这个清单来买。"

"好嘞,出发!"快快打了个响指,推着自行车已经迫不及待了。

"等等,还没说完呢!"我把他拉回来。

"啊,还有什么呀?"

"还很多呀。你骑自行车去,要小心。尤其是过马路的时候,一定一定要看好来往车辆。宁停一分,不抢一秒。等车辆空下来,你再过去。什么最重要,知道没?"

"知道了,安全最重要!"

"嗯,你要独立,妈妈很赞成。你知道独立的第一条是什么吗? 就是学会自我保护。不然,你毛毛躁躁、慌里慌张的,爸爸妈妈不放心,那么你还是没有独立。"

快快重重地点点头，眨着眼睛问："然后呢？"

"然后，妈妈要教给你买菜的诀窍。菜要挑的，要挑选新鲜的、结实的菜。那些蔫蔫的甚至烂掉的，千万不能买。还有鸡蛋很容易破，你买回来的时候，要小心，不要把它碰破了。还有菜怎么放也很讲究，面积大的、硬的菜放底下，其他的放上面。鸡蛋放最上面。"

快快很认真地听着。完了，问我："妈妈，这下总好了吧？"

我想了想，说："嗯，差不多了。对了，还有一条，就是买菜的时候要有礼貌，跟人交往要面带微笑。知道了没有？"

快快吹了个口哨，哼着小歌出门了。

我还是嘱咐他："路上小心！"

他长长地应了一句："知道啦——"

然后呢，然后我就在家干等着，感觉家里空落落的，时间过得很慢。好几次都想跟着去菜场看看。想想还是不能去，要相信自己的孩子。养孩子不就是要一步一步地放手么？这是在锻炼孩子，也是在锻炼自己呀。

过了好久，总算是回来了。一样一样拿出来，兴奋地跟我汇报："妈妈，路上很安全。我听你的话，慢慢骑，等车辆空了，再穿马路。这是我找回来的钱。妈妈，幸亏带了纸和笔，我在每个摊位上买了东西，都在上面打草稿算，一共要多少钱呢。"

哈哈，我跟他说："看来你的口算、心算还要加强呀！"

看了看他买的菜,还都不错,都挺新鲜的。胡萝卜鲜亮鲜亮的,青椒泛着青色的光,莴苣嫩嫩的,一个大大的土豆也特别憨厚可爱的样子。

现在轮到他兴奋地说个不停:"妈妈,那个鱼,阿姨问我要不要杀。我想中午要吃的,肯定要杀,所以就说阿姨请你帮我把鱼杀一下,谢谢! 阿姨还夸我可爱,有礼貌呢!"

我看了看,怎么青菜只有小小的三棵呢?

"妈妈,清单上面我记着是一把青菜。一把青菜到底是多少呀? 是不是手刚刚握住的一把? 所以我就握了一把。就是这三棵呀!"

"哈哈哈,就三棵人家也卖给你?"

"阿姨说,这么三棵,就送给你吧! 所以我就拿回来了。"

一把是多少呢? 一把就是一把呀。我们都是按照大人的手、大人的眼光去衡量事物的多少与轻重。忘记了用小孩的方式重新解释。

我大大地表扬了他,任务完成得很好!

正好爸爸回家了。快快又把买菜的经过详详细细、不厌其烦地跟爸爸说了一遍。爸爸很仔细地听他说完,然后宣布今天就是快快的独立日!

快快自豪极了! 蹦啊跳啊,说下次双休日的菜都由他买。

爸爸说:"你看这次买菜锻炼了好多能力呢。你的算术、你的车技、你的人际交往能力。顺便,日记也有的写了。不当家不知柴米贵,以后也让你多当当家,管管钱。"

快快一个劲儿地点头,扑进爸爸的怀抱里。父子俩又扭作一团了。

我数了数他拿回来的钱。他赶紧向我报告:"妈妈,天气实在太热了。那个,我买了一根棒冰吃,剩下的钱都在这里了。"哈哈,还学会拿回扣了呀。

赞美别人的人最美

去学校接快快。

快快同学孔青青一见我就说："阿姨,快快太厉害了! 这次语文测试他得了 100 分,是班里唯一的 100 分!"满脸的笑容,开起小花一朵朵,好像是她自己得了 100 分!

我霎时被她迷住了。一个小小的女孩,具有多么纯净宽广的内心,能够为别人的成就喝彩,真心为别人的成功而高兴。

等她爸爸来了,一问,果然是孔子的第 N 代传人。真是不简单呀,这样的教育才是令人折服的教育。

这样的孩子,一下子令人温暖起来,温柔起来,她具有多么美好的品质啊。

相比之下,很多家长唯恐孩子吃亏,早早教会他一套处世守则,憨厚不足,油滑有余。这油其实是地沟油啊。

爱上学的小快快

一路上，我跟快快说："你看，孔青青多了不起呀，她比你得到 100 分更加了不起。她有着非常宽广的胸怀，小小年纪，真是了不起。"

快快说："妈妈，你都赞美她好多遍了。"

"是啊，你知道吗？真心赞美别人的人是最美的。妈妈也希望你做这样的人。"

快快问："妈妈，有时候别人得了 100 分，我就没有自己得 100 分高兴。你想啊，谁都希望自己得 100 分。难道孔青青不希望自己得 100 分吗？我就不相信她喜欢我得 100 分而不是她得 100 分。"

我说："你说得没错。谁都希望自己得 100 分，谁都希望自己的努力得到很好的回报，谁都希望汗水流过之后得到的是鲜花和掌声。孔青青当然也希望得 100 分。但是，她了不起的地方是，她没有得 100 分，但她为同学得到 100 分感到骄傲。她觉得全班就只有你一个人得到 100 分，很为你高兴，所以她赞美你，发自内心地为你鼓掌。而妈妈觉得，她身上闪烁着美好的光芒，她有一个带着光环的美好的心灵。"

"妈妈，你就说她是天使吧。"快快笑了起来。

"是啊，她就是天使。她带给大家力量。"

"妈妈，是什么力量啊？"

"这就是爱与美的力量，赞美的力量。"

110

"赞美有什么力量?"

"赞美的力量可大了。孔青青赞美你,你是不是很开心呀? 心里想着,我一定要做得更好,继续努力。这就是说你的精神被鼓舞了。而赞美你的那个人自己也沉浸在美之中,成为美的一部分。她为什么赞美你,而不是妒忌你呢? 那是因为她很虚心,她认为你好,值得她学习。她赞美你之后,心里也会暗暗地想,嗯,我也要努力,争取下次也能考 100 分。所以说,赞美别人的人就是一个懂得美并追求美的人。她捕捉着美的神光。因为她向往美,向往好,所以她看见了美好就要赞美。赞美使得她越来越美,也会使得被赞美的人越来越美。"

快快说:"妈妈,其实别人好,也没有什么好妒忌的。你想想,总有人好,总有人不够好。不够好的人向好的人学习,不够好的人不是也变好了吗? 而好的人越来越好,那么我们不够好的人就有更多可以去学习的地方了。不够好的人也一直在进步呀。老师说,基础有好有差,只要你在进步,就值得表扬。"能说出这一堆绕口令一样的话来,也是不简单呀。

"是啊,有句话叫作:无私天地宽。如果一个人的眼里只有自己,整天只想着自己的利益得失。那么他的世界是很小很小的。冰心写过一首小诗:墙角的花,你孤芳自赏时,天地便小了。你想想看,什么意思呀?"

"就是说,一朵花不能只开给自己看,也要给更多的人看,让大家看看开得好不好看。还有呢,也要看看别的花,看看它们是怎么开的。也要看到别的花的美丽,感受别的花的芬芳。这样自己也会越开越美。因为它是带着赞美的心去开的。"

说得太好了!不但要看看另外的花,还要看看那些树啊,那些山啊,那些水啊。那些树长得多么葱茏青翠,那些山多么蜿蜒起伏,那些水多么纯净秀丽。这些都是大自然美好的馈赠。还有鸟儿的啼声多么悠扬婉转。还有风,还有雨,还有雪,还有很多很多。

万物皆有情,万物都是美。没有一个事物不值得赞美呀!这样天地便广大了,开阔了。你的心胸也随之开阔,你会感到自己的渺小但不会自卑。

因为你被这无边无际的美围绕着,环抱着,多么幸福,多么美好啊。你就住在美之中。而一个人如果一直都住在美好里面,那么他就是美好。

快快若有所思地点了点头。

第三辑

快
快
的
创
意
生
活

月亮里面有什么

在钱塘江的上空，升起一盘圆圆的满满的月亮。

来往的人仰头看，孩子们嬉笑追逐。还有附近大学城的新生们兴兴头头地搭了帐篷，摆了啤酒、熟食、石榴，要在江边露营通宵，度过离开家乡和父母后的第一个中秋节。他们对着月亮，拨起木吉他，江水流淌着，泛起安静的小波浪。

我们也拿了红色的孔明灯到江边来放。

游江赏月的人停下来，聚过来，帮着我们放。

哦，我们还忘了带打火机。一位先生从口袋里掏出来，帮我们轻轻点上。

另一位先生帮忙抬着孔明灯。空气渐渐充盈着纸袋，一个大大方方、红红火火的孔明灯就这样亮了起来。

我说："大家赶紧许愿呀。"

陌生的邻居们都在心里暗自许愿。

当孔明灯越来越膨胀,越来越扩充时,我们一起喊:"一二三,放!"

带着我们愿望的孔明灯在宽广的江面上越升越高,越升越远。人们都欢呼、鼓掌。

我们在江边的石凳上坐了下来,看月亮。

快快托着腮,问:"爸爸妈妈,你们说月亮里面有什么呢?"

我夸赞他这个问题问得好。月亮里面有故乡,有亲人,有思念,有唐诗。多少唐诗写到了月亮,多少亲人在望着这一轮月亮? 它是古代和今朝唯一的月亮,也是故乡和他乡共同的月亮。

爸爸说:"用科学的眼光去看,月亮里面什么也没有,只有一些矿物质和环形山。不像我们地球有植物,有动物,有山脉,有河流,还有人类。地球是一个生机勃勃的星球,而月亮是一个寂寞荒凉的星球。"

快快接着问:"那月亮是不是很伤心呢?"

哈哈,这真是个有意思的话题。

现在轮到我发言了呢。我跟他说:"所以,我们中国古人就编了美好的神话故事,让月亮里面也有植物,有动物,有男人,有女人呢,让月亮也不荒凉。"

快快一下子用小手把我的嘴巴捂住了,抢着说:"我知道,

我知道。月亮里面的植物就是桂花树,月亮里面的动物就是小玉兔。月亮里面的女人就是嫦娥。但月亮里面的男人是谁?"

我告诉他:"是吴刚呐。吴刚砍桂就是一个古老传说呀。"

爸爸笑着说:"你看,男人多累啊。吴刚把天帝惹怒了,天帝就罚他砍桂。这棵桂花树可不得了,高五百丈,几乎跟月宫一样高,还粗壮得不得了。吴刚就天天砍,天天砍,每时每刻不停地砍,但他永远永远都别想把这棵树砍倒。"

快快听得非常好奇,不停地问:"为什么呢,为什么呢?为什么吴刚砍不倒桂花树呢?"

爸爸接着说:"因为这棵树非常神奇,吴刚砍一刀,它就能马上生长回来;砍一刀,又生长回来。所以,吴刚砍成千上万刀都没有用啊。这跟西方那个西西弗斯的神话传说,有着惊人的相似呢。"

快快又追问什么叫作"西西弗斯"。

又轮到妈妈我给他上一课了:"西西弗斯呢,是希腊神话中的人物。他触犯了诸神,诸神就惩罚他搬石头,把一块巨大的石头从山脚下搬运到山顶上。什么时候搬到山顶了,惩罚就可以解除。但是这块巨石可是永远永远都到不了山顶的。因为每次快到山顶的时候,石头就会自动地滚回到山脚下。所以,西西弗斯就只能永无止境地搬运着这块石头。"

听完了,快快叹气道:"妈妈,太绝望了。无论是吴刚,还是西西弗斯，都没意思。一点快乐都没有，全部都是伤心。"

过了一会，又说："我想到了另一个神话传说。"

我们笑说，这下轮到你来讲故事啦。

他头头是道地说了夸父追日的故事。

是啊，这又何尝不是一个周而复始、永无止境的故事。夸父永远都追不上太阳，但夸父一直都在追赶太阳，直到死去的那一天，无法再追逐。

那么人生的意义又何在呢？就在于这徒劳无功又永无止境的追逐之中吗？

我想听听小学生快快的看法。

快快说："我们又不是吴刚、西西弗斯还有夸父。我们又没有受到惩罚，又不需要搬运石头，也不需要去砍桂花树和追赶太阳。他们太没意思了。"

爸爸说："但是我们从小要读书，长大了要工作，为了实现自己的理想和梦想，奋斗一辈子，也是没有尽头的事哦。"

快快说："但是，我们还可以看月亮，数星星，到西湖边玩，到三清山去旅游。又不是整天都要搬石头、砍桂花树。"

哈，多么睿智的小学生啊。爸爸妈妈都禁不住亲了快快。快快可神气了。

我说："人生虽然很辛苦，很艰难，但还是有很多美景和乐趣的呀。苏轼在《赤壁赋》里面说：'惟江上之清风，与山

间之明月,耳得之而为声,目遇之而成色,取之无禁,用之不竭,是造物者之无尽藏也,而吾与子之所共食。'清风明月,太阳星辰,西子湖和钱塘江,都是大自然赠送给我们的礼物,而且怎么用都用不完,怎么取都取不尽。这难道不是对我们人类最好的奖赏吗?为什么要把人生理解为惩罚呢,实际上它是一个巨大的奖赏。而我们一定要努力学习,奋斗不息,才对得起这么丰厚的奖赏。不然,就是暴殄天物、虚度光阴,不但对不起天地日月、父亲母亲,也对不起自己。"

月亮里面有什么呢?我们一家人看着月亮,想着月亮,沐浴在一片思考的月光里。

一粒米的前世今生

每次送他上学或接他放学，一路上，为娘的总不免要唠叨几句。

我说："在学校里面，中饭要好好吃。饭要吃光，菜也不能倒掉。"

他马上说："我知道，因为妈妈都付过钱了，不吃白不吃。"

"哎，还不是钱的问题，营养要保证。一天上下来，有六堂课呢，中饭不认真吃，哪有力气好好听课呢。还有呢，浪费粮食很可耻。宁可先少盛一点，吃完了不够再去盛。不要盛很多，吃不完了，就倒掉。"

他忙说："我知道，'粒粒皆辛苦'。"

我说："你会知道'粒粒皆辛苦'吗？"

他说："当然了。我们这学期古诗学的就是《悯农》：'锄

禾日当午,汗滴禾下土。谁知盘中餐,粒粒皆辛苦。'"

我很想跟他讲讲什么叫作"粒粒皆辛苦"。只有上过山种过麦,下过田种过稻的人,才知道什么叫作"粒粒皆辛苦"。

"上次暑假在外婆家,妈妈正想要把过夜的一小块米饭倒掉,因为感觉有一点点馊了,你知道这时候你外公怎么说?"

快快问:"怎么说?"

"你外公说,一粒米,一滴汗。你怎么舍得把饭倒掉?所以外公才是真读懂了诗的人。他知道'一粒米,一滴汗',因为他种过粮食。他在夏天中午毒辣辣的大太阳底下,除过草,割过稻。是这样一锄头一锄头地土里刨食,才把食物给刨出来。一滴汗一滴汗地流下去,才把土地给滋润了,把庄稼给捂熟了。所以在以前,一粒饭掉在地上,人们都会说一声'罪过',赶紧捡回来吃,这才是对粮食最好的尊重,也是对农民伯伯的一点点回报。而那些随意地把粮食倒掉、浪费掉的人,简直就是对劳动力的侮辱,是对天地的大不敬。"

快快说:"为什么呀?"

我跟他说:"我们经常说天公地母。你知道什么意思吗?天就好像是我们的父亲,地就是我们的母亲。所有的粮食都藏在土地里面。没有土地,我们什么都没的吃。所有的粮食都是母亲恩赐给我们的礼物,没有这个礼物,我们就活不下去。而我们还把土地母亲给的粮食浪费掉,那我们还是好孩子吗?

我们不但不感恩，还伤透了母亲的心。你说这样对不对呢？"

快快若有所思。

我接着问他："你知道一粒米是怎么来的吗？它怎么就成为一粒米，跑到你的嘴里来的呢？不要告诉我，它是从超市里面跑过来的。你只有真正了解一粒米的来历，才能明白什么叫作'粒粒皆辛苦'。"

快快很好奇地问我："那妈妈你知道吗？一粒米是怎么来的呢？难道你也种过粮食？"

嘿，还真撞到咱枪口上了。我决定跟他好好讲讲一粒米的前世今生，我是这样跟他说的：

"话说妈妈小时候，就你现在这么大的时候，正是农忙季节，也就是布谷鸟'布谷''布谷'叫的时候，外公去田里插秧。还叫了很多人一起帮忙。外婆在家里烧麦饼，烧好了，让我挑上二十几个大麦饼和一大塑料壶的开水，送到田里去，给大家当午餐。"

快快忙问了："什么叫作'秧'？"

好吧，那就从选稻种说起。我接着道："农民伯伯会把去年那些又饱满又结实的谷子当作今年的稻种。把稻种放进温水里浸透，然后拿出来撒到田里去。很快，田里就长出了绿油油的秧苗。等秧苗长到一定高度了，再把秧苗拔出来，整整齐齐，一排一排地重新插到水田里。我去送午餐的时候，大家正

在插秧。我也很想跳进田里去插秧，外公也同意了。秧要插得整齐，而且每一束秧之间，要保持一定的距离。这样，它们才能长开，不然就会碰到、撞到、没地方好长，就会影响稻子的收成。当我一跳下去学着大人那样去插秧的时候，我就傻眼了。有五六只蚂蟥叮在我的两条腿上，它们一口一口吸着我的血，太可怕了!"这样的经历，在田野里是日日可见，在现在的小学生听来，无异于一部惊悚片啊。

快快急着问："那怎么办? 那怎么办呀?"

我告诉他："当然有办法了，蚂蟥最怕盐了。田边地头早就准备好了盐，有谁被咬了，就上来把盐涂在蚂蟥上面，蚂蟥马上就自动掉下来了。"

"然后呢?"快快问。

"然后就是继续跳下去插秧啊。大家都这样，所以也没什么好大惊小怪的。过了几天，还要摸秧草，就是把秧周围的那些杂草去掉。摸着摸着，有时候还会摸到大便呢。"

快快露出了很恶心的神色。大声尖叫起来。

我跟他说："不可以尖叫，那些大便是秧苗的肥料。有了肥料，秧苗才能成长为稻子啊。没有粪便臭，哪有五谷香呢? 我们享受了粮食的美味，又怎么可以嫌大便臭呢?"

"然后呢?"

"然后秧苗就渐渐长成了稻子，稻子长出了稻穗，稻穗里面结满了谷粒,谷粒里面就是一颗颗米啊。等到收获的时候,我们一起拿着镰刀去割稻。再把割下来的稻子放进打稻机上面打。把打下来的谷粒装进麻袋里面,再放在手拉车上拉回家。趁太阳好的时候,把谷粒倒出来晒。晒好了,再拿到米店里用机器去壳。这时候,白花花的米才一捧一捧地流出来啊。大家的脸上满是笑,高兴啊。辛苦是辛苦,总算有了收获。"

快快像在听一个有点新鲜也有点好奇的故事。这对他来说,实在是太遥远了。

而我,真希望带他去下一次田,插一次秧。哪怕一次就行。他所能感受到的,将比读一百遍"粒粒皆辛苦"要更加强烈。

有一种痴迷

"嘀铃铃"一串闹钟声响起的时候,冬天的清晨还是黑黑的。快快轻轻叹了一口气,在被窝里缠绵了几分钟,忽地一个鲤鱼翻身,坚定地对爸爸说:"爸爸,快给我穿衣服。你一边穿,我一边再眯几分钟。"穿好了衣服,刷牙的时候还闭着眼睛呢。

我也被吵醒,但我还可以再睡一个小时。

我说:"起那么早干什么去呀? 早起的鸟儿没虫吃。"

快快转身对我说:"为什么呀?"

我笑说:"因为虫儿也还在睡觉啊。"

爸爸给快快洗脸,快快一手拿掉毛巾,对我说:"妈妈,虫儿在睡觉,不是正好可以吃吗? 如果它醒了,就会爬走了,就吃不到了呀。所以,还是要早起。"

快快从小对武术就有一种痴迷。说起成龙、李小龙，两只眼睛闪闪发光，带着无限的神往。他跟我说，妈妈，只要我好好练，我一定能够像他们一样的。

说话间就"哼哈"地摆出姿势来。巧的是，他们学校正好有一个武术队。并不是每个学校都有武术队的，而且他们学校的武术队还屡屡参赛，屡屡获奖，在杭州市都小有名气呢。而带队的竟然是一位颇有些秀气的女老师。如果她不穿运动服，你根本看不出她是一位体育老师、武术教练。

去年开学，武术老师到一年级的教室里来挑选新生力量的时候，快快一开始并没有被挑上。他小细胳膊小细腿的，不是学武术的好材料。但是，快快太想进这个武术队了，所以就天天缠着老师让他进去。

果然，功夫不负有心人，老师被他缠了一个学期之后，终于收下了他。我相信是快快眼神中那闪闪的稚拙的光芒赢得了武术老师的心。

从此，每天早上七点钟他就必须准时到校，无论寒暑，不分晴雨。

说实在的，我算是狠心的妈妈了。两三岁在西湖边，快快摔倒在地上，我就看了看，顾自走开了。快快自己起身，拍拍身上的灰尘。旁边的大妈轻声嘀咕着，还以为不是亲生的呢。我想只要他能自己爬起来，就说明没有什么问题。

但是现在每天看着他这么早就到学校去练一个小时的武术,他能坚持,我都觉得辛苦呢。

再说了,毕竟学习是第一位的,武术只是爱好呀。每天练啊练的,能说对学习没有影响吗?

再说了,小学生还在长身体的时候,每天少睡那么宝贵的一个小时,身体吃不消了怎么办?没想快快回来可兴奋了,跟我说什么"正踢腿、侧踢腿""正压腿、侧压腿",什么"前扫腿、后扫腿",又什么"马步冲拳、弹腿冲拳",还一个个动作做给我看,做着做着,马步没扎稳,就摔地上了。

我想,每天那么辛苦去练武术,就学了个花拳绣腿。很快,学习成绩也拉下了,被表扬的次数越来越少。

我想,不对了,我要郑重地跟他谈一次。我们双方协商一致的结果是,如果练武术影响了学习,就不准练。如果武术练得不好,没有成效,也不许练。

为了能够继续练武术,快快放学一回家就写作业,还要比平时早睡一个小时。但睡前看书他还是舍弃不了,那只好不玩或少玩电脑游戏了。

我想这倒是有好处的。我嘱咐他,既然练了,就好好练。武术是有精神的,不是花拳绣腿,不是随便玩玩。动作要领要听清楚,练习的时候更不许偷懒。

他说:"妈妈,我会好好练的,下次我肯定不摔倒。"

但我又怕话说重了,毕竟是学校里的武术队嘛,一个兴趣爱好而已,也不要这么急于求成。

这样就足足练了一年,快快一次都没有请过假。有一两次,人都感冒了,我都要给他请假了。他犹犹豫豫的,但还是坚持住了,叫爸爸给送学校去。光这一点,就值得我佩服。没想到,这小人儿还挺有志气,挺能坚持。就算没学到真功夫,光学到这份毅力也是难得啊。

所以,我开始真心实意地支持他练武术。配合老师的要求,给他买了漂亮帅气的武术服。学刀的时候买刀,学剑的时候买剑,学棍的时候买棍。渐渐地,看他马步扎得稳稳的,拳脚都像模像样了,一招一式还真有那么点意思。

快快还跟着武术队参加了市里的比赛,拿了奖项。回家来,又那么兴奋地跟我讲,刀的动作分为刀花、刺刀、缠头、裹脑、撩花,棍的动作分为棍花、点棍、撩棍、云棍、劈棍……

我正要谢谢他让我也学到了那么多的武术知识,没想,他回家跟我说,这学期武术队的训练要加强了,下午放学之后再加上一个小时。

这下子,我又着急了。我想跟老师好好沟通,每天两个小时练武术,那学习怎么办?身体怎么办?当我走进排练厅的时候,不少家长已经聚集在那里。我们私下里都觉得两个小时太多了。而一旁的阵势让我们看傻了眼。

一年级到六年级的小学生们,这些学校武术队的成员,矮的矮,高的高,排列得整整齐齐。练剑的一组,耍棍的一组,都认认真真,不发一言。还有几个新进来的,那个小啊,也如快快去年的那个花拳绣腿,摔倒了又起来,起来了又摔倒。没有人嘲笑,也没有人搀扶。

那几个练得好的小孩,快快都尊称他们为"大师兄""大师姐"。

他们之间都以"师兄、师姐、师弟、师妹"相称,说话之前先抱拳。同一组的还不时切磋切磋,说承让承让。

再看武术老师,满脸的汗水,嘶哑的喉咙,管了这组,又管那组。她把动作要领说了一遍又一遍,还亲自示范给同学们看。她的眼睛如此清亮,一如快快眼中那一团闪闪的痴迷。

谁也不忍心打断她,且让他们这么练着吧,或许从武术中学到的精神会比文化课更重要。

快快的金箍棒

一打开门,看见黑暗的房间里快快的留言板在闪啊闪。上面用荧光笔写着蹦蹦跳跳的一行字:妈妈,你可以抱一抱我吗?

我把大灯打开,快快从小书房里出来。为了显得距离更为遥远,快快退回到阳台,我贴着厨房的墙壁。我们像电影里面远别重逢的亲人,说了句"一二三,开拍",张开双臂,放慢脚步,假装是很慢很慢的慢镜头。

我们那么缓慢又迫不及待地奔向对方,他深情地喊着:"妈妈!"我哽咽着:"宝贝!"终于拥抱在了一起。演完之后,两个人躺在沙发上笑晕过去。

接着,他拿出了他的绝密武器——金箍棒。从小到大,他就独爱金箍棒。那些小男孩的玩具,大刀啦,宝剑啦,悠悠球

啦,他都玩过。但玩过了也就丢在一边了。只有这金箍棒,一直都用着。多的也不要,就要一根。

以前给他买过各种材质做的,塑料的,一闪一闪会亮的;金属的,一截一截可以拉出来的。他耍起来都不够结实耐用,三两下就歪了。后来就买了木头做的,最接近于孙悟空的那根了,两头黄色,中间正红色,上书"如意金箍棒"五个大字。

快快一拿上手,就耍了一通,现在练了武术之后,耍起来就更帅了。他学着孙悟空,高声喊道:"果然是一件称心如意的宝贝!"开心得紧。

就这根五块钱的金箍棒,他走到哪里带到哪里,除了上学不带,出杭州不带,在杭州范围内,每次出去散步或是游山玩水都带着。

还要我们跟他演。他自然是威风凛凛的美猴王。爸爸是唐僧。让我演白骨精,拿了条丝巾让我披肩上,说这样才像。他拿着金箍棒,围着爸爸画了一个圈,嘱咐道:"师父,你好生呆着。俺老孙去去就回。"忽地在地上翻一个跟头,算是筋斗云,就腾云驾雾飞到另一个房间去了。

我呢,披着丝巾,袅袅娜娜地走过来,嘴里要娇滴滴地喊着"长老!",手里端着个水果盘,盘里有苹果、香蕉、芒果等。眼看一步一步逼近,"长老"白白嫩嫩的就在面前,我的规定动作是伸出十个"爪子"扑向他。

"长老"呢,只顾眼观鼻,鼻观心,一个劲儿地念经就行。眼看马上要得逞,这时候,猴哥正好采桃子回来,断喝一声,然后当头一棒(其实没有打到),打得我一个趔趄扑倒在地上,嘴里发出凄厉的一声"啊"。然后化作一缕魂魄飞回"洞府",也就是另外一个房间。因为跑得匆忙,丝巾留在了地上。

演完之后,我们笑晕在沙发上。

稍事休息一下,我们又开始演下一段,不是三打白骨精嘛,这才一打呢。快快既是导演,又是编剧,又是主演,还要唱主题曲"猴哥,猴哥,你真了不得。五行大山压不住你,蹦出个孙行者……"还自己配音,哼哼,哈哈。

后来我们一起去超市,买回来很多东西,我们拎着回来。快快当然是随身带着他的金箍棒了。他让我把买来的纸巾一捆系在金箍棒的后面,一捆系在金箍棒的前面,他挑着金箍棒,感觉十二分的惬意。一边嘴里轻轻唱着:"你挑着担,我牵着马……"一副取经路上千辛万苦的模样。

而双休日出去玩的时候,他要带着金箍棒上山打妖怪了。至今为止,不曾打到一个所谓的妖怪,这让他相当懊恼。

但是爬山的时候,金箍棒成了我们一家人的拐杖,还可以撩开刺丛找野果,这又让他很高兴。我们还拿金箍棒给他量身高,长到哪里了,就在金箍棒上轻轻地刻一横,再长再刻,再长再刻,终于长得比金箍棒还高了。

到九溪去玩的时候,他还拿金箍棒测水深水浅,回头告诉我们:"爸爸妈妈,水不深,可以过去,跟我来!"他还当是《西游记》里的通天河呢!

昨儿个他带着金箍棒去附近公园玩,竟遇见个头戴面具,腰佩宝剑,身披红色披风的"红孩儿"。两个人一见面,就像见到了自己人似的。一个舞棒,一个出剑,哼哼哈哈厮杀了好一番时光。

我早已经笑到不行。嘱咐他们,切磋切磋,点到即止。他们应了一声,又厮杀开了,玩得满头大汗,不亦乐乎。

打了几个回合之后,终于累了,一个嘴里说:"厉害厉害。"另一个说:"承让承让。"

我问那个"红孩儿":"这一身行头哪儿来的?"

"红孩儿"说:"妈妈给我在网上买的。"

我感觉到了孩子的那一种"憨"和"痴"。就在这样的玩闹之中,他是那么满足,那么快乐。其实这里面也有着创造力的开发。那么,何乐而不为呢?

我经常觉得,孩子在过自己的童年的时候,也给了我们第二个童年。我们曾经有过的童年,可能随着时日渐渐黯淡了,但是记忆深处的那一种快乐依然会时时闪现。过去了的日子,它会跑出来继续和我们会面。那么我们为什么因为忙或者累,而去拒绝这样的好意呢?

想起丰子恺的那幅画《瞻瞻的车》。画的是丰子恺的孩子瞻瞻拿着两个大扇子来当脚踏车。作者深情地写道："童稚最美。你拿着两个大芭蕉扇，夹在腿间，一前一后，这便是你的车了。没有其他车快，没有其他车样子好，但你的车可以带你翱翔在幻想的天堂中，可以带你畅游在梦想的海洋中……"

丰子恺爱孩子爱到甚至不愿意他们长大。他对孩子有着一种好奇的探索和近乎于崇敬的迷恋。因此，他的作品中，无论画与文，都有着浓浓的童趣童真。而这样的一种童趣童真，何尝不是大智慧？

跟孩子在一起，我们往往觉得自己一无所有。也正因为此，我们获得了前所未有的富有。孩子会带领我们回到孩提般傻乐傻乐的天然真趣之中。

快快的夜生活

晚饭过后是到江边散步。散步回来,各种文体活动。在家里打打羽毛球、跳跳绳、唱唱歌、跳跳舞。

我和快快喜欢放劲爆的舞曲,娘儿俩戴上墨镜,十二分扮酷耍酷地蹦啊跳啊,走台步。从客厅走到阳台,再从阳台走到客厅,来来回回,来来回回。两个人互相装作不认识,随着音乐,跳出种种舞步。

跳得 high 了,快快会爬上双层床。他在上面跳,我在下面跳。我们俩一同伸出食指,指着天花板,大声喊道:"Let me say yeah!"快快跟我说:"下面的朋友,你们好吗?"我回答:"上面的朋友,小心掉下来哦。"

我们就是这样疯狂的娘儿俩。在这样的喧闹声中,爸爸依然可以静静地看书。我们才不管他呢。在他嫌我们太吵闹之前,我们就先嫌他太安静了。

我们说:"你都不陪我们跳,还不许我们跳,有没有道理的呀。"

快快嘟着小嘴说:"都学习一天了,上午和下午加起来六节课,还不赶紧放松一下?"

我一边跳着,一边说:"就是。"

所以,爸爸什么都没有说,躺着就中枪了。中枪了之后,也不能说什么。我们什么都说了,也玩够了,真是尽兴啊。然后,吃点水果,休息一下。

接着,快快开始写作业。

写作业,我对他的要求是,全神贯注,心无旁骛。

我问他,你想很快把作业做完吗?他点头。你想找到诀窍吗?他再次点头。我跟他说,要想把一件事情尽快做好,唯一的办法就是要认认真真、全心全意地去完成它。做这件事情的时候,心里就只想着这件事情,把所有的注意力浓缩到这件事情上。这样,才是最快做好事情的捷径。那些吊儿郎当、没心没肺的态度,或者是忙着赶进度,而没有细心去做,只能让作业做得很糟糕。到头来,老师还是要你重做,你等于把一件事情变成了两件事情。而且,因为第一次没有做好,第二次重新做,这样的感觉当然很不舒服。这就是古人所说的"一鼓作气,再而衰,三而竭"。做任何事情,都要一鼓作气,就像敲鼓一样的,

一步一步都踩在鼓点上。事情就能完成得妥妥当当的、漂漂亮亮的。

　　一开始，他很有依赖性，一有不会做的，马上就问。两个家庭教师供他提问，他当然是想问就问了。但如果一不会做就问，这样就破坏了整个做作业过程的节奏感。我们一致认为不会做的先空着，等会做的做完了，再统一提问。

　　当然，那些不会做的也不能有问必答。学会学习比学习本身更重要。我们让他查字典，问百度。这样，他学会了查字典，也学会了打字。这些工具都为人所用，应该拿来学习更多的文化知识。等他查过了之后，我们再给他细细讲解。讲解完之后，还要让他说说自己的看法，不然，知识只是知识，灌输仅仅是灌输。知识应该是拿来举一反三，运用到现实之中的。

　　等全部作业做完了，我们开始检查他的作业。爸爸负责数学，我负责语文。如果有什么差错，要让他自己先找出来，如果找不出来就提醒他。发现错误之后，让他自己分析错误的原因。分析完之后，再订正。订正完了，我们会编个类似的题目考考他，看他还会不会出错。他爸爸自己写书法，所以对他的字迹要求很高。要端正、整齐，有节奏。如果写得不好，要他重新写。他曾经也抗拒过，觉得作业已经够多了，还要擦了重新写，那不是更多了？但我们一致认为，小学生自己的本分还是要认真去完成的。作业不是说写完了就好了。我跟他说："作业作业,就是你的工作,你的事业。你怎么可以不尊重你的工作,你的事业呢?"

这时候,他会觉得妈妈很严肃,爸爸要求很高。我们就是这样的家长,在原则性问题上,绝不让步。

我们也从不一个打了,一个去哄,一个唱黑脸,一个唱红脸。这会让他失去判断,不知道对错轻重。时间长了,他会抓住家长的把柄。知道爸爸或妈妈好交代一点,就要耍赖皮,应付应付就行了。在父母手里应付得了又有什么用呢?父母可以包庇你,那是太容易的事情了。以后到了社会上,要受到众目睽睽的评判,谁又来包庇你呢?

当然了,文武之道,一张一弛。学要学得认真,玩也要玩得痛快。写完作业之后,我们又成了疯狂的娘儿俩了。笑作一团,滚作一团。

小小美食家

还是要赞美中国饺子强大的包容性啊。

每当听到快快一边吃一边赞"好吃好吃，我妈妈做的饺子真好吃"，并且煞有介事地总结出"一开始觉得煎饺比蒸饺好吃，蒸饺又比水饺好吃。现在觉得还是水饺最好吃"这样的生活真谛的时候，我能告诉他每个饺子深处潜藏着他极不爱吃却又极赋营养价值的香菇、菠菜和虾皮么？

我当然不能让他吃出来，所以就把话题的重心引向他刚才概括出来的真谛上。

看着我一副愿闻其详的神态，他夹个饺子，蘸上醋，娓娓道来："喏，饺子本身都很好吃，怎么吃都很好吃。用油煎起来，特别香，而且两面焦黄很好看。而蒸饺呢，有一种很淡很淡的蒸汽的香味，也很好吃呀。但我还是最爱吃水煮的饺子。"

　　说到这里,他把那饺子"啊呜"一口夹到嘴巴里,吃得很惬意。他做了个手势,继续道:"用水煮过的饺子,又结实又舒展。而且那个汤特别纯。"

　　呵呵,他哪里知道那汤是从六和塔下打回的泉水做的。汤里有时还放了些紫菜、虾米。

　　当然了,有这么个小小美食家在,对于爸爸妈妈的厨艺是个不小的挑战。对于美食,不但要如数家珍,而且能做出精确的评论,甚至概括出相关的生活哲理。不仅仅品尝,还要自己动手做。

　　去了趟黄山,念念不忘黄山双臭。来到太湖边,就嚷嚷着要吃太湖三白。平时我在厨房忙碌,他也要跟在旁边看着,学着。洗了小手,说要帮忙。我看他越帮越忙,让他管自己玩。他偏要参与,说这个也很好玩。

　　他最喜欢吃的是妈妈的饺子、爸爸的蛋炒饭。他说爸爸的蛋炒饭,蛋是蛋、饭是饭、蛋中有饭、饭中有蛋。不但有饭香和蛋香,还有酒香和葱香。他也要学着做。

　　爸爸就把凳子拿过来,扶着凳子,让他站在凳子上,手拿铲子,腰系围裙,亲自掌勺。爸爸的蛋炒饭确实喷喷香,吃起来有弹性。奥秘在于慢慢铲,慢慢铲,小火炒上七八分钟。喷上酒,撒上盐,不放水。酒不但有香味,还润泽了每一颗饭粒,光线亮,水头足,好吃好看。现在快快已经学到五六分精髓了,时

常炒了给爸爸妈妈吃。

他还三天两头催着我做饺子。我其实是懒人做法,但绝对原创。各种馅儿都有,但全家最喜欢的当数四季豆、肉末、虾皮馅儿。一开始是快快不爱吃蔬菜,不爱吃虾皮。这两样都是长身子、补脑子的好东西,怎么能不吃呢? 我想啊想,想到把它们包在饺子里。这样不知不觉,他就吃了。后来就爱吃蔬菜和虾皮了。我的奥秘是不放盐不放酒不放任何调料,放的是海边人喜欢的一种作料叫鱼生。鱼生是极小极小的小带鱼拌上萝卜丝调制而成的一款原生态调味品,鲜美无比,营养价值高。饺子皮确实极具包容性,什么都可以往里包,而且,因为它本身极其素淡,以无色无味做底色底蕴。因此配什么调料,都能出味出色。

兴致好又有空的时候,我们连饺子皮都自己擀。快快也要在一旁看着,学着,做着。我想起我小时候,也要学这个学那个。那时候,多么羡慕妈妈能够包饺子、包粽子、摊麦饼、捣年糕、做米胖糖,好像那些小麦粉啊,糯米啊,擀面杖啊,麦饼杖啊,就像是办家家的小道具似的,多好玩啊。一家人嘻嘻哈哈的,弄得手上、脸上、鼻尖上都是粉,多开心啊!

自己吃着自己做的食物,更是有一份成就和心意在里面的呀。

一想起自己小时候,我就不嫌快快烦了,也不嚷嚷着让他走开走开了。我把粉倒出来,让他端一碗清水给我。我开始和面,他也抓了粉,在自己那一摊和起来。

我跟他讲,和面最关键了,面要和得好,饺子皮才筋道。饺子好吃与否,有一半就取决于饺子皮。那么,面要怎样和才好呢? 那就是既要硬,又要软。那么,什么叫作又硬又软呢? 那就是,一开始,水不能在粉里倒太多,粉要揉得尽量干一点,特别到最后,快和好的时候,水要一点点地加。等到成团了,面就和好了。这时候,面团是偏硬的。刚才揉进去的水分其实并不均匀。所以,现在要继续揉,不断地揉,使劲地揉。要把面团里面的每一个水分子均匀地散布在面团的每一个角落,这样就能把整个强硬的面团揉得温柔起来。

我们就这样继续揉了将近二十分钟。大功告成,整团面粉现在看来,已经相当坚挺又柔顺的了,这就是拿来擀饺子皮的最好的面团了。

接着呢,我让快快在台板上铺上干粉,我拿起擀面杖把面团一点点擀出来,越擀越薄,越擀越大,擀成了一摊面皮。快快手上早已拿着玻璃杯子来印饺子皮了。只见他拿着玻璃杯,杯口朝着面皮,一个一个用力地印过去。一个一个杯口形状的圆圆的饺子皮就这样诞生了。

快快越印越多,越印越兴奋。印完了,我们把饺子皮一字儿排开,排成好几排,每排相同的个数。快快在每个饺子皮上

撒上馅儿，放上一颗花生米，等着我一个一个地包起来。

我们连着吃了三餐呢。第一餐最新鲜了，当晚饭，就用水煮起来吃。第二餐是第二天早饭吃蒸饺，过牛奶。第三餐，虽然吃的是白米饭和各式菜蔬，我们还是煎了几个饺子喷喷香地吃起来。

快快又开始总结了："妈妈，煎饺有滋味，水饺有回味，蒸饺有清清的香味。"

而我想对快快说："宝贝，妈妈希望你努力吃好一生中的每一顿每一餐。希望你始终抱有美好的意境和心境，快乐地享用属于自己的粮食，尽情地品味天地赐予的美味。而同时，你所作你所为，要对得起你吃过的每一粒米每一口饭。"

"我帅的"

　　快快一早在自己的小衣柜里挑衣服穿。格子衬衫配小牛仔裤,外面套一件小背心,看上去又精神又时尚。

　　他对着穿衣镜子看了看,自言自语道:"我帅吗?"

　　左转转,又转转,自己回答自己:"我帅的。"

　　他又走到鞋柜旁边,挑鞋子穿。拎起一双小牛皮鞋,套在脚上,自言自语:"配吗?"

　　想了想,说:"不配。"

　　于是换了一双牛仔料的运动鞋,这下满意了,说:"配的!"

　　他又拿了自己的小墨镜戴上,这才回过头,对我们说:"爸爸妈妈,Let's go !"

　　我们是要出去玩的。爸爸认为随意一点无所谓的。所以就笑嗔他:"小男生,这么自恋。"

快快转过头，看着我，对爸爸说："妈妈说过了，一个人自己都不恋自己，谁还会恋你呢？我就喜欢帅。"

一家人都笑了。

爸爸拍拍他的屁股，继续道："帅有什么用？"

快快又转过头来，找我当救兵，反驳他爸爸："妈妈说，帅就是空气清新剂，能够美化环境的。"

"哈哈，"我接着道，"就是嘛。为什么不跟小孩说真话呢？帅就是帅，人们就是喜欢看见帅的人，美的人，我们看见美丽的山水，美丽的花朵，怎么就那么开心呢？就是因为这些东西让我们赏心悦目。那么，一个帅的人，一个美的人就是给别人提供了美感。他们不但自己帅、自己美，还为社会做了贡献。"

快快说："是啊，如果那些脏兮兮的人，邋里邋遢的人，他们就像垃圾堆里的垃圾一样，谁喜欢看见他们呢？还不赶紧走开呀。他们就是污染了环境。"

爸爸说："这样说也对。不过呢，有些人比较穷没有条件去讲究，去穿整洁好看的衣服，像乞丐这些，我们也要同情他们，不能鄙视他们。"

快快说："那当然。如果是有条件的话，就要穿得整洁一些，好看一些。对不对，爸爸？"

我们在草地上坐下来，阳光温暖。江南的小冬日，这么晴好的天，真是美呢。天空蓝蓝的，湖水静静的。

快快看着远山，背诵起了语文书上学过的苏轼的诗："荷尽已无擎雨盖，菊残犹有傲霜枝。一年好景君须记，最是橙黄橘绿时。"

接着，他指给我们看："赤橙黄绿青，这几种颜色，山上都有。美术老师说，这就是渐变色。"哇哦，说得真好。我赶紧亲了快快一口，表扬他。

我跟他说："生活处处皆学问。其实你早上穿衣服的时候，就很有学问了。穿衣服就是一门学问，衣料的搭配，色彩的搭配，都要给人很协调很舒服的感觉。这个可不容易，也是需要美感和灵感的呢。"

快快有了小得意，展现给我们看："喏，因为我的衬衫是深蓝色的，我的牛仔裤是浅蓝色的，所以就很协调。如果配小皮鞋，就不协调了，配牛仔料的运动鞋就协调了。妈妈，这是不是叫呼应呢？"

"对啊。呼应就是一呼一应。一个人在呼喊，一个人在答应。这样就不会孤独，不会单调。就很有统一的协调的感觉啦，也很有韵律和动感。颜色与颜色要呼应，料子与料子要呼应。山水花草的美和人的穿着打扮要呼应。外在美和内在美也要呼应。所以说呢，仅仅是外表的帅就不是真正的帅啦。两两呼应，才能相映成趣哦。"

快快又不解了："这么说，帅还是没有用吗？"

　　我给他分析："怎么会呢？一个人长得帅多么不容易啊。不是每一个人天生就是帅哥美人吧,这是需要天赋的呀。所谓天赋就是老天给你的,白白给你的哦,所以你要珍惜,你要呼应。要用自己的勤劳智慧去呼应,要用自己的学识学养去呼应,要用乐于帮助别人、为社会做贡献去呼应。不然你就是暴殄天物,对不起老天的偏爱了呀。"

　　"这么说,帅的人不努力比不帅的人不努力更可恶。"快快总结道。

　　"那是啊。就像你,好不容易是小帅哥了,还不好好去帅,好好去努力,你说你对得起你的帅吗？你看那些英雄多帅啊。超人啊,007啊,他们不但是帅哥,还肩负着使命,要去拯救地球和人类的呀。相反,有些帅哥贪吃懒做、偷鸡摸狗,甚至心灵肮脏、道德败坏,看着还是垃圾呀。"

　　快快点点头,对我说："爸爸妈妈,看我的。"

　　于是乎,在充满阳光的草地上,一个自恋的小学生练了一通本学期刚学的武术,初步展现了除暴安良、大济苍生的帅哥风范。

快快身上有一个慢慢

快快虽说名字叫快快,但不是做什么都很快的哦。从小吃饭,就吃得很慢,比蜗牛还慢,比乌龟还慢。大家都吃好了,就他一个人还在那里守着一小碗猪蹄汤、一条小黄鱼、小半盆豌豆炒红萝卜。我们说他慢,他说我们"走马观花"。

过了好久,我们几乎忘了他还在那里吃。忽然听到来自餐桌旁的声音:"妈妈,汤变成冻了!"

现在快快写作业也很慢呢。我催他写快点,他一脸无辜地对我说:"妈妈,如果我写得快了,字就写不好了。"

我说:"你哪里是快快,你分明就是慢慢嘛。"

他倒是不慌不忙,说:"我有时候快,有时候慢,一会儿快,一会儿慢,能快又能慢。"

我问他:"那你说说看,你什么时候快,什么时候慢? 做

什么事情快,做什么事情慢?"

　　他想了想,跟我说:"上课的时候,老师让我们举手回答问题,我就举得很快,'嗖'一下,就把手举起来了,老师就叫我回答了。抢答抢答嘛,就是要抢,抢就是快。妈妈让我去倒垃圾,我也很快,一下子把垃圾打包起来,扔到楼下的大垃圾桶去。因为垃圾放久了就会腐烂、变臭,所以要尽快运走。"

　　"还有呢?"我笑问他。

　　"还有我起床也很快啊。妈妈,你想想看,被窝多么暖和啊。谁不想再多躺一会儿呢,哪怕一会儿。但是,你迟早要起来的呀,磨磨蹭蹭的,就会迟到了,迟到了你也要到,又不能不到。所以,还不如早到呢。而且,现在起床了,晚上又可以睡了呀。是不是啊,妈妈?"

　　"哈哈,说得很对。早起早睡是个好习惯。睡得早了,第二天就能够很快起来。睡得晚了,就会赖床。"

　　快快得意地看着我,想啊想,又跟我说:"还有,老师叫我做事情,我也很快去做。妈妈,你看我从小就有急速跑车,就是我自己的腿。我的腿跑得很快。"这倒是呢,小时候,他穿着拖鞋跑得飞快,拖鞋老是掉下来。

　　我跟他说:"怎么回事啊,拖鞋都穿不牢?"

　　快快回答说:"妈妈,我跑起来的时候,拖鞋也跑起来了。它跑得比我慢,所以就掉下来了。"哈哈,他还怪拖鞋跑得慢。

我又问他："那你说你哪些事情做得慢呢?"

"我吃饭比别人慢,但是已经比我小时候快多了。因为我小时候吃饭不专心,老是一边吃一边玩玩具。我现在慢,是因为我学会了细嚼慢咽。如果吃得太快了,还会消化不良。爸爸不是说,欲速则不达吗? 爸爸还告诉我不该快的时候太快了,就会出事故。就像车开在路上,开得太快,甚至飙车的话,就很容易撞到别人。"嘿,还说出一大套道理来了呢。

"还有,我欣赏风景的时候,就会走得很慢。妈妈,你不是说有一句话,叫作:慢慢走,欣赏啊! 你看,不慢下来,风景就一下子过去了,什么都没有看到。走慢一点,就能够观察一下小植物、小动物,就能仔细地看西湖。这样,写作文的时候,就能够一点一点回忆起来了。"还是说得很有道理的。

"那你写作业为什么这么慢呢? 每天都要妈妈陪你那么长时间,你说你的效率在哪里呢?"

"写作业嘛!"他总算是逃避不过去了,对我说,"写作业的时候,我会开小差。写着写着,就想到其他事情上面去了。想到在学校里跟同学们一起玩的事情。"

"所以呀,写着写着,突然会笑出声音来。你说说看,你是不是太不专心了呀?"

"哈哈哈,因为我想到好笑的事情,实在忍不住了。"

"所以呢,写作业还是要快一点,专心一点,写作业拖拖拉

拉可不好。你都三年级的小学生了,这个习惯要养起来了。"

"嗯,妈妈,我一定专心写,写快一点。"

"是啊,你叫快快。快是一种速度,也是一种效率哦。你只有非常专心,非常投入,才能把事情做得又好又快,知道吗?就从交通工具来说吧。你走着去西湖,那要走一个小时还不止呢。骑自行车去,只要半个小时。但如果是我们自己把车开过去,十五分钟就到了。那我们剩下的时间,不就可以多看一些风景了吗? 所以,速度还是要有的,也是速度解放了人类。自己走很累,用了交通工具,就很轻松了,你可以把力气省下来做其他事情了。"

"妈妈,那飞机比车就更快了,火箭又比飞机更快! 快上加快!"

"是啊,这也是人类不停探索的结果。人类总是能够挑战自身不能做到的事情,通过制造机器来实现。比如我们有了飞机,就好像我们给自己装了翅膀,我们也可以像小鸟一样飞得那么快,飞得那么自由自在。"

"妈妈,那我们还要不要慢生活呢?"之前我跟他说过慢生活,就是要慢慢地品味生活。

"慢生活当然要了。如果一切都很快很快,人们也会厌倦。比如说,交通工具是很好。但是我们随时随地地依赖交通工具,一步路都不肯走,那又是故步自封了。而且,自己不运动了,就缺乏锻炼了。所以,人们在追求最新的科技的同时,又非常向往原生态的东西。其实,这两样东西并不矛盾,而应该是互相补充。这样我们的生活就会非常丰富多彩。"

"那妈妈,我是继续叫快快呢,还是改名叫慢慢?"快快故意眨着眼睛,调皮地问我。

"哈哈,叫你快快慢慢。像你自己说的,该快的时候要快,该慢的时候要慢。快中有慢,慢中有快。快快的身上也可以有一个慢慢。"

金牌只是一块巧克力

快快要去参加浙江省武术锦标赛了。

一大清早他就起来了,我跟他说:"你好好表现哦,把你的最佳水平发挥出来!"

快快踌躇满志,抱着胳膊,信心十足地对我说:"妈妈,你等着吧。我一定会超水平发挥的!"

"那最好了,得个金牌回来哦!"我给他加油。

他点点头:"必须的!"

我说:"得金牌可不容易,要尽善尽美才行。不但要动作娴熟、漂亮,而且要有高难度的亮相,这样才能让评委老师惊艳。还有呢,就是打拳的时候,注意力要集中,不要马虎,你在台上的任何一个多余的小动作,或者一个小趔趄,评委们可都是看得一清二楚的!"

快快翻了翻书包,理了理书包里面的武术服和武术鞋,对我说:"妈妈,你就放心吧。我们都已经练过 N 遍了。你跟我说的话,武术老师也已经说过 N 遍了。肯定没有问题,我们就是冲着金牌去的。"

我嘱咐道:"你只要好好表现就行,这次武术锦标赛可是个武林大会,你跟高手们过过招,切磋切磋,这才是最重要的,得不得金牌还是其次啦。"

快快说:"妈妈,比赛就是比赛,谁不想拿金牌?当然了,老师跟我们说了,金牌就是一块巧克力啦。很诱人也很甜,只有平时努力练习,才能得到这块巧克力。得了金牌以后,也不能骄傲,因为它只是一块巧克力,甜一下就够了。还是要坚持不断地练,更加刻苦地练,这样才能够得到更多的巧克力。"

这话说得好。原来他们这么有信心,就奔着金牌去的。连获奖感言都有了。我想象着他喜不自禁又故作镇定地说:"谢谢评委,谢谢教练。这并没有什么了不起的,金牌只是一块巧克力啦。"我且跟过去见见世面呗。

过去一看,果然是不得了。从早上一直比到晚上,共分六个组:老年组、中年组、大学生组、中学生组、小学生组、幼儿园组。有甩棍的,有弄枪的,有舞龙的,有舞扇子的,动作整齐划一,服装各具特色。老年有老年的飒爽,少年有少年的英姿,就连幼儿园的小朋友这小拳也打得有模有样。

　　轮到快快他们上场了,齐刷刷的黄色绸缎对襟武术服,系着一条亮闪闪的腰带,左手拿着漂亮的盾牌,右手拿着银闪闪的大刀。一二三,齐声高喊"威——武"! 稳打稳扎的阵势,可圈可点的动作。一个个跟头翻过去,大刀舞过去,干脆利落,美不胜收。每个同学都很专心也很卖力,从头到尾都看不出有什么小瑕疵。家长们聚在一起,大声地喊"加油",场上场下,一片热血沸腾。

　　一直看到所有的小学生组比赛完毕,家长们和孩子们一起等着最后的成绩。其实家长们比孩子们还紧张,还兴奋。我们真心希望他们能够得金牌。三年来起早摸黑地锻炼,谁不想要有一个最美好、最丰厚的回报呢? 家长们甚至商量好,得了金牌之后,我们一起去庆祝,去 happy ! 让孩子们好好放松放松,快乐快乐!

　　但比分拉得很紧,来自全省各个学校的武术队都不是等闲之辈啊。结果是,我们终究以 0.01 分的细小差距输给了最佳团队,获得银牌。家长们和孩子们一下子都蔫了,我们离金牌就差了这么一点点啊。虽然银牌也很不容易了,但是金牌毕竟是金牌啊! 大家伙儿都有点失望,觉得那么多天的准备都白费了,刚才还憧憬着那么美好的狂欢之夜,现在我们的快乐怎么说也要打点折扣了。

　　这时候,只见快快的带队老师,也是平时孩子们的武术老师,笑吟吟地走过来,对我们说:"金牌只是一块巧克力嘛。老师给你们每人一块巧克力!大家继续努力,金牌并不重要,坚持不懈地锻炼才更加重要!"

说着,武术老师从自己的包里拿出一大堆巧克力,一块一块地分给孩子们。孩子们一下子又雀跃了。他们每人拿着老师分给他们的巧克力,大口大口地咬着,心里甜滋滋的,家长们也开心地笑了。

回来的路上,我跟快快说:"你们的武术老师是一个了不起的老师。你们可真要好好地学,不要辜负老师的期望。"

快快无限骄傲地对我说:"当然啦,我们的武术老师是世界上最好的老师!"

我说:"原来,你们心目中的金牌是巧克力,而老师心目中的巧克力是金牌。你想想看,到底巧克力是金牌呢,还是金牌是巧克力呢?"

快快笑嘻嘻地说:"我们总有一天会拿到真正的金牌,跟巧克力一样甜一样甜的金牌!那时候,我们就咬着金牌不放,就像在吃一块甜甜的巧克力。"

都被他们抢光了

快快还很小的时候,我带着他坐公交车。等啊等,公交车总算来了,快快一个小健步飞奔过去,回过头,朝我喊:"妈妈,赶紧啊,等会儿座位都被他们抢光了!"他一个矮矮的小人拼命往前挤,往前挤,差点被人群淹没了。

我叫他慢点,座位肯定是没有了。我们也只好站着了。结果是,连站的位置都已经岌岌可危。随着公交车往前行驶,车子在晃动,站着的人群也在晃动,我一手抱着快快,一手扶着扶手。路上又遇上堵车,两只手都很酸疼。

快快知道我很累,于是高声喊道:"怎么回事啊,都没有人来给我们让座!我都快要被挤成烤饼了!"本来,人群里面有人翻看手机,有人吃着随身带着的早餐,大家都一片默然,现在这全车的静默被快快这童言无忌的喊声打破了。

全车哗然，觉得这小孩太逗了。马上有好几个人站起来给我们娘儿俩让座。下车以后，我跟快快说："妈妈知道你心疼妈妈，妈妈抱着你站在公交车里也确实很累，其实大家也都挺累的呢。你看，那些中学生哥哥姐姐背着重重的书包坐在公交车上，手里还拿着课本在背书呢。那些上班的叔叔阿姨也很辛苦，早饭都没有工夫吃，只好在车上吃了。更不用说那些老爷爷、老奶奶了，他们年纪大了，怎么好意思叫他们给我们让座呢。如果有人让座，当然很好了，但如果没人让座，我们自己也要挺一挺，坚持一下，也就到了。"

快快懂事地点点头，不说话了。

好多次我们去超市，超市里会有一些促销活动，一大堆的人拥过去，快快看见了，又大喊大叫起来："妈妈，赶紧啊，都被他们抢光了！"哈哈！一副忧心忡忡的样子，为了整个家庭算是操碎了心了。

我拉住他，笑问："你知道大家在抢什么吗？你都不知道他们在抢什么，你就要上去抢呀？"

快快说："肯定是又好又便宜的东西，如果不抢就没有了呀！"这小大人还挺精打细算的呢。

但我告诉他，促销的东西不一定都是好东西，有时候是商家让利搞活动，有时候是东西快要过期了，超市就会在保质期快到的时候把这些便宜卖掉。

所以,你要去抢,首先要想明白这些东西是不是你想要的。千万不要别人去抢你也去抢,根本不经过自己的思考,就盲目去跟风,这样就是没有个性的人,随波逐流的人。同样的东西,对别人可能适合,对你可能就不适合。所以,你要清楚你要的是什么,而不是一窝蜂去抢。

快快不服气地对我说:"妈妈,这个社会就一个字——抢。你看,我们到店里面吃饭要抢位置,去图书馆看书也要抢位置,在西湖边看喷泉也要抢位置,就是租公共自行车,也要早点去抢,坐公交车要抢,打的也要抢,医院挂号也要抢!妈妈,你以前还说买房子买车子也要抢呢。你看看,不快点去抢,我们就没有了呀!"

他说的并不是没有道理呢。这是一个拥挤的世界,资源有限,而人们的需求无限,所以就会去抢,去拼。谁愿意自己落后于人,输给别人呢?于是就在不停地挤啊挤,抢啊抢。

但是,我跟他说:"你是一个很善于思考的孩子,妈妈很欣赏。但是呢,你只是看到了其中的一面。事实上,还有好多好多很好很好的东西是不需要抢的。藏在你身上,别人怎么抢也抢不走的。我们为什么不去亲近这些别人抢不走的东西呢?这可是世界上最宝贵、最美好的东西。"

快快疑惑地看着我,说:"妈妈,怎么还有这样的东西呢?难道大家傻了,他们为什么不去抢呢?"

　　我笑笑说："你想想看,有些什么东西是别人抢不走的呢?比如说我们头上的月亮。李白和杜甫都为它写过诗,王维也为它写过诗。还有那么多好听的歌是唱月亮的。比如说,妈妈小时候,唱过的这首歌——月亮在白莲花般的云朵里穿行,晚风吹来一阵阵快乐的歌声。多么美,多么好啊! 你看,大家都喜欢月亮,可是谁也不能把月亮带回家里去呀,谁也不能把月亮抢走呀!"

　　快快这才点点头,说："对,月亮抢不走,太阳也抢不走,西湖也抢不走,钱塘江也抢不走,美丽的风景都抢不走。"

　　"对啊!这些东西谁都抢不走,但是只要我们跟它们亲近,它们就是我们的了。我们去看月亮,月亮就是我们的。我们去西湖边玩,西湖就是我们的。你看,我们一点都不需要抢,但是我们却拥有这么多美好的东西。你看,我们多么富有啊!"

　　快快又问了："妈妈,还有什么东西别人抢不走?"

　　"很多很多啊,比如说你学到的知识别人就抢不走。你的美好品质别人也抢不走。这些都是最好的东西,只要你虚心学习,不断努力,这些东西都是跟你走的。别人永远都抢不走。"

　　"妈妈,最好的东西都抢不走!"他这才有安全感地笑了。

　　快快拿起作业本,说是要写作业去了。等到写作文的时候,他咬着笔杆说："唉,写个什么题材好呢?"自己到网上翻了翻,又嘟着小嘴巴说："唉,我想写的题材都被他们抢走了!"

　　我说:"刚说完你又忘了,你写你自己的啊,想想看别人抢都抢不走的,只有你有的东西哦!"

　　他看了看我,灵机一动,说:"有了!我就写上次妈妈带我到外婆家的大海边抓螃蟹捡贝壳的事情。我们还在沙滩上写诗了,对吧?我写了'风浪相搏自汹涌',要妈妈对出下一句。妈妈你过了好久才对出'海天交合亦轰隆'!你还记得吗?"

　　唰唰唰,写开了!

种瓜能得豆吗

　　快快从学校回来,摆下作业摊开始写作业。

　　写着写着,跟我说:"妈妈,今天老师教我们一句话'种瓜得瓜,种豆得豆'。"

　　"那你说说看,这句话什么意思呢?"

　　"就是说,种什么就会有什么,努力耕耘,就会有收获。"

　　"嗯,说得很好,其实这句话有着非常丰富的内涵,可以从不同角度去解读,会有多种多样的意思。"

　　"还能怎么解读呀,妈妈?"快快很好奇地问。

　　"从文学的角度来看,这是一句谚语、俗语。什么是谚语呢? 就是流传于民间的言简意赅的话语。它是劳动人民从长期的实践经验中总结出来的民间智慧。谚语总是教会我们做人的道理。这句话包含的道理就是,劳动创造生活。没有劳动,

就没有收获。这是劳动人民从几千年的耕种生涯之中得出的宝贵经验，也是警醒后人的八字真言。就是教人们千万要勤劳，只有春天的勤劳耕种，才有秋天的美好收获。如果你偷懒了，春天在那里玩玩，那么秋天你将颗粒无收，就什么都没的吃，你就活不下去了。"

快快想了想，对我说："妈妈，那就是《伊索寓言》里面促织和蚂蚁的故事。一到冬天，蚂蚁出来晒米粒，促织饿得半死，向蚂蚁借粮食。蚂蚁说，在夏天唱歌作乐的是你，到现在挨饿，活该！妈妈，你看，因为它什么都没有种，就什么都没收！还想着到别人那里捞点来吃吃，真是想得美！别人在'汗滴禾下土'的时候，你干吗去了？"快快愤愤不平地数落着那只贪吃懒做的促织。

"但是，还有什么角度呢，妈妈？"他接着问。

哈哈，给小学生来点高深的。"从佛学的角度来看，你也可以理解为因果报应。也就是佛家宣扬的，'善有善报，恶有恶报'。种下什么因，就会结出什么果，善因结善果。你做了好事，就会有好报，做了坏事，总会有惩罚，逃都逃不掉。当然也有例外，总有好人蒙冤受屈，总有坏人逍遥法外，但是从长远的广泛的角度来看，法网恢恢疏而不漏是个相对的真理。"

"妈妈，从农民伯伯的角度看，就是告诉他们种子别弄错了。每个种子要记住是什么种子。如果你想吃瓜，那就要种下瓜种子,如果你想要吃豆,那就要种下豆种子。对不对啊,妈妈?"快快补充道。

"但是,还有什么角度呢?"他又开始问了。

"如果从生物学的角度来看,'种瓜得瓜,种豆得豆'就像另一句俗语'龙生龙,凤生凤,老鼠生儿会打洞'一样,都说明了基因具有稳定性。你看,种下瓜的种子就能收获瓜,种下豆的种子就能收获豆,龙生下小龙,凤生下小凤,老鼠生下的肯定是小老鼠,是什么东西决定了物种的遗传呢?那就是基因。基因储存着生命的种族、血型、孕育、生长、凋亡过程的全部信息。也是基因支持着生命的基本构成和性能。所以说,是基因决定了物种的遗传。"

快快想了想,说:"妈妈,基因也会突变呀。"

"是啊,所以,任何东西的稳定都只是相对稳定,基因的稳定也有相对性。所以对我们固有的知识应该抱有怀疑和探究的态度,要敢于多问几个为什么。世界上没有绝对的百分之一百准确的真理,只有相对的暂时的被广泛证明了的真理。"

"但是妈妈,你说种瓜就一定能得瓜吗?种豆就一定能得豆吗?"他的小脑袋瓜又开始想下一个问题了。

"你说呢?"我反问他。

他想了想说:"种瓜不一定能得瓜,种豆不一定能得豆。耕种也不一定都有收获。如果你种的时间不对,种的位置不

对,种的方法不对,那么种子就浪费了,得不到果实。就好像那个故事里说的国王把煮熟了的花的种子发给全国的少年,让他们回家去种,说谁种的花最好就让谁继承王位。因为那个种子是煮熟的,所以他们肯定种不出花来。那些种出花来的就是说谎的少年。只有那个种不出花来的少年才是诚实的少年。所以国王让他继承了王位。从这里我们可以看出,种花不能得花。所以同理可得,如果种的方法不对,那么种豆也不能得豆,种瓜也不能得瓜。这说明,做事情的方法很重要。"分析得很有道理呢。

"但是妈妈,种瓜能不能得豆呢? 种豆又能不能得瓜呢?"又一个新问题冒了出来。

我笑着说:"至于能不能其实并不太重要。重要的是,你已经学会去思考,学会去发问了。学问学问嘛,一边学一边问。如果不去问,那么学过的就是死知识,没有经过你自己的思考。任何知识,都要问个为什么,才是真正地学会学习。"

"但是妈妈,种瓜能不能得豆呢? 种豆能不能得瓜呢?"快快还是陷在刚才的问题之中,不可自拔。

"哈哈,能啊! 比如说有个人的理想是当舞蹈家,小时候开始学习舞蹈,非常辛苦,但都坚持住了。但由于她的天赋并不是特别好,虽然她非常刻苦,还是没有成为舞蹈家,但她成了一名优秀的演员。由于她小时候扎实的舞蹈基本功,她能拍好多飞檐走壁的武打动作,比谁都好看。而且,从小历练过了,她什么苦都能吃,拍起电影来也不怕辛苦了。你看,这不就是种瓜得豆,种豆得瓜吗? 你所得到的不一定是你当初努力想要得到的,但是当初的努力终究不是徒劳,这又何尝不是另一种收获呢? 也是另一份惊喜呀。"

"妈妈,我明白了! 就是说,人总是要种点什么。你不能什么都不种。不然,你吃什么呀? 你干什么去呀? 空荡荡的,走来走去,多无聊。种点东西就会很充实,也会有回报。"快快总结了一下。

"是啊,所以齐豫有一首很好听的歌,叫作《梦田》。"我笑着唱给他听。

每个人心里一亩一亩田,
每个人心里一个一个梦。
……
用它来种什么,
用它来种什么,
种桃种李种春风
……

快快跟着我一遍遍唱起来。

吃快快补可爱

星期天的早上，全家赖在床上。我们在讨论的话题是：烧什么早饭吃呢?

爸爸说："要不烧一个米仁红枣粥吧?"我们都说好，一致通过。

我说："吃红枣补血，吃米仁补气。冬天吃点米仁红枣粥，真的很好呢!"

快快说："妈妈，吃红枣补血，吃米仁补气，吃快快补可爱!"

哈哈，我一下子就把他抓过来，在他手臂上"狠狠"咬了几口，然后推给爸爸咬。全家都开心地笑了。

快快接着说："爸爸妈妈，你们已经吃过我了。所以你们要更加可爱哦!"

快快朝我们狡猾地挤了挤眼。他真把他那白白的小手臂当成藕了,横在我们面前说:"欢迎每天都来啃啃我哦!"

"什么是可爱呢? 怎样的大人才可爱呢?"我问他。

"可爱就是好玩,就是有意思,就是不严肃,就是哈哈哈,很开心的样子。总是那么耐心和气,一点一点讲给小孩听。可爱的大人看得起小孩子,尊重小孩子,跟我们一起玩啊笑啊,懂我们的心思,不会说自己忙,就把小孩推开。更不会打小孩吼小孩,也不会说,走一边去,小孩子懂什么!"

"那你觉得爸爸妈妈可爱吗?"我有点紧张地问他。

他一板一眼地说:"爸爸妈妈有时候可爱,有时候呢,不够可爱。比如说,我们全家一起到草地上玩,爸爸妈妈跟我躺在帐篷里,大家都无忧无虑、开开心心的就很可爱,大家都很可爱,所以我会更加可爱。但是呢,有时候爸爸会接很长的电话,不跟我踢球,妈妈会管自己看手机,我跟你说话,你有时候都没有听见。这个时候的爸爸妈妈就不可爱。"

"那还有呢?"我接着问。

"还有,妈妈有时候很急,我有一两次考试考得不太好,妈妈问也不问原因,脸色就不好看。这样一点都不可爱。还会数落我考得差,说我魂不知去哪里,上课肯定没有好好听。妈妈,你问都没有问我,就批评我,我心里肯定不舒服的呀。我本来自己考得不好,已经不舒服了,又被你说,就更加不舒服了!"快快无辜地看着我。

"还有我做作业的时候,不懂的题目问妈妈,妈妈有时候忙着自己在写文章,就会说,去去去,自己查,自己查。不要动不动问妈妈,自己的事情自己做。这时候,妈妈就不可爱。"

"那么你觉得可爱的妈妈应该怎么说呢?"我耐着性子请教他。

"可爱的妈妈应该这样说:'宝贝,这次考试考得不好不要紧,我们把错题订正回来。接下去呢,上课要更加认真地听讲,课后妈妈陪你一起复习,我们下次一定能够考得更好。'"

哈哈,他还扮演得真像!细声细气、柔声细语的口气确实听起来特别温柔,特别可爱呢。

"问作业的时候,可爱的妈妈应该这样说:'哦,宝贝,你看,妈妈正忙着呢。要不你自己先查一查?等会儿妈妈空下来再跟你一起订正,怎么样?'"听起来真很不错。

是啊,可爱的妈妈有很多微笑,很多温柔。哪个小孩不喜欢可爱的妈妈呢?"那么,爸爸呢,你觉得爸爸哪些地方不够可爱啊?"我赶紧把目标转向爸爸。哈哈,这下轮到爸爸小紧张了吧!

"爸爸大多数时候都很可爱。但是爸爸有时候很凶。还在人家面前批评自己的小孩。你想想看,我们小孩也有自己的面子的。虽然我们做得不对,但是你要回家跟我们说,我们肯定会好好改的。你在一桌子叔叔阿姨面前指责我,我都想哭出来了！心里想着，爸爸怎么这么可恶！"

哦，想起来了！有一次出去跟一帮朋友吃饭，快快坐在座位上很不安分，总是转着饭桌中间的玻璃盘子玩。我们都提醒他好多次别玩了，还给他使眼色，他都没有听进去，结果玻璃盘子碰到了旁边的小碗和调羹，它们掉在地上摔碎了。

爸爸有点生气了，说了他几句。他倒是记住了，还说，那天晚上一起吃饭的还有几个跟他这么大的小孩，都笑他被爸爸说呢。

我说："那谁叫你不听话呢。你这样做，真的不可爱哦。你还怪爸爸不可爱！我们之前好好提醒你的时候，你怎么不往心里去呢？爸爸妈妈给你使眼色，已经在提醒你了，你不听，怪谁呢？"

他想了想，心服口服地说："好，那我也要做一个更加可爱的快快。爸爸妈妈，你们也要越来越可爱！"

这话说得有道理。

"成交！"我们三双手握在一起。

他又马上把白嫩嫩的手臂递过来，豪爽地说："爸爸妈妈，赶紧吃一口吧。吃快快补可爱啊！"

啊——呜——哈哈！

快快的理想生活

我要一个iPad

晚上是一条龙，早上是一条虫

妈妈，好想回到你的童年去

嗨，美女

我的理想就是当快快

一起玩游戏，为什么不

妈妈，今天纯玩吗

逃学旅游没人怪

妈妈，我喜欢你穿旗袍

妈妈最厉害

我要一个 iPad

"wǒ yào 一个 ǎi pàn dé,谢谢!"在莫卡乡村面包店里,快快在一棵圣诞树的小卡片上认认真真地写着他的圣诞愿望。没有学过的字他怕写错,为了保险起见,他用拼音代替了。所谓的"ǎi pàn dé"即是"iPad"。他想这个都差不多想半年了,可我不给买,怕他整天打游戏。

他想了想,对我说:"现在已经第二代了吧?"又提起笔,加了一个"2"。自己读了一遍"wǒ yào 一个 ǎi pàn dé 2,谢谢!"(我要一个 iPad 2,谢谢!)

回过头,坚定地对我说:"我这么乖,圣诞老人肯定会给我的。"

他一天一天快乐地过着,并不很盼望。他认为该来的肯定就会来的。终于到了平安夜。

我问他："要是圣诞老人不给你 iPad 2 呢?"

他想也不想,说:"怎么可能呢? 我这么乖,又这么能干!"

"他怎么知道呢?"

"他可以到网上查的呀。妈妈,你知不知道,全世界都可以上网的。无论圣诞老人在哪里,都可以查得到。"

"他怎么查呢?"

"他只要进入我们学校网页就知道了呀。我唱京剧获奖了。我语文、数学、体育、音乐都是优秀,上面都有的呀。"

想了想,又说:"忘了放袜子了。这些袜子都太小了,iPad 2 装不下,怎么办?"

我也不知道怎么办。

过一会儿,他说:"妈妈,有了。你把你那边那个长枕头拿过来,把枕头套抽出来,不就可以装得下了吗?"呵呵,他就真把枕头套给抽出来,挂在晾衣服的阳台上。

这样之后,他就安然入睡了。一会儿,还打起了小呼噜。

第二天醒来了,他一溜烟跑到阳台上。看到那个瘪瘪的枕头套,他有点不相信自己的眼睛。

听他说:"怎么回事呀? 每年他都给我礼物的呀。我以前要遥控飞机,他就给我遥控飞机,要步步高点读机,他就给我步步高点读机。今年怎么回事啊?"我也跟他到阳台。

我说:"可能你要得太多了吧? iPad 2 可不是个小礼物

哦,或者圣诞老人觉得送给你 iPad 2,你就会天天玩游戏,明年的学习成绩就要下降了呀。"

他一脸的不高兴,对我说:"我还以为圣诞老人很喜欢我呢,原来他这么小气。"

我让他别失望,说不定有其他礼物哦。

他还是不高兴:"其他礼物有什么意思啊? 又不是 iPad 2。"我帮它拿下枕头套,让他伸手去探探。他果然抓到了一个小小的东西。原来是两张新华书店的购书卡。

他把两张卡揣兜里,恍然大悟地对我说:"妈妈,都怪我太笨了。圣诞老人是外国人,不懂中文和拼音的啦。那个2字他明白的,所以他送了我两张卡。对不对,妈妈?"

我忙说:"是啊是啊。"

他继续:"哎,我本来要用英语写的,可惜我还不会英语。不过,妈妈,你怎么不帮我写呢?"

"自己的愿望要自己写才能灵验的吧。"我这么跟他说。

"那好吧。谢谢圣诞老人。等我学会了英语,再跟你要iPad 2吧"。

"妈妈,还愣着干什么?我们去书店买故事书去呀!"他又喜形于色了。

晚上是一条龙，
早上是一条虫

晚上的快快是一条龙。早上的快快是一条虫。我跟他说，早点睡。他说睡不着。有时候，我让他早点起床，他又说起不来。其实，谁想那么早睡呀。八点半，就要开始洗漱，准备上床。为了给小学生快快营造睡觉的良好氛围，作为家长的我不得不失去了拥有黑夜的权利。

快快睡上铺，我们睡下铺。

快快说："爸爸，请给我讲《中国古代神话》，谢谢！"

从《黄帝和蚩尤的战争》讲到《后羿和嫦娥的故事》，爸爸讲了半个小时，我也旁听了半个小时。如果我不认真听，快快一个小提问就能把我问倒，就会说："妈妈一点都不专心听讲，还说要给我做榜样。"

　　半个小时候后，爸爸宣布睡觉，快快哪肯罢休，嚷嚷着："再讲，再讲嘛。"于是，又赠送了《鲧和禹治理洪水》。

　　听完，他会评头论足一番，还要我们说说各自的感想。

　　我们都说完之后，他说："爸爸妈妈，我们说说话吧。"

　　一般说的是学校发生的有趣的事情。

　　比如说，四班有一个外籍小女生，名字叫作丽萨，同学们都叫她披萨。再比如说，三班有一个小女生，名字竟然叫巴黎。数学老师怎么啦，音乐老师又怎么啦。

　　我趁这空，翻开手机上上网。

　　他突然插一句："妈妈，你怎么这么安静，有没有认真听我说话呀？"我像被老师抽查到的学生，赶紧下了网，跟他搭讪。不然，下次我跟他说话的时候，他也会一个耳朵进一个耳朵出的。

　　这样到了九点半左右，不能不睡觉了。但快快还是拿出了压箱底的节目，那就是：词语接龙。要接到"睡觉"这个词，他才肯睡。

　　由他开始，爸爸第二，我第三。

　　接龙如下：书本—本领—领子—子女—女儿—儿孙—孙悟空—空气—气温—温暖—暖洋洋—洋房—房产—产品—品格—格调—调度—度过—过年—年关—关门—门上—上午……

快快赶紧说："停停停，妈妈，不许说'午睡'，不然就'睡觉'了，没的说了。"哈哈，我们在下铺笑晕过去，他一个人在上铺打滚。

爸爸说："睡觉，都快十点了。再顽皮就不可爱了。"

他没办法，不说话了。我们也进入睡眠状态。

他又诗人般地喃喃道："在黑夜中闭上眼睛又睁开眼睛，不知道哪个是闭上眼睛的黑，哪个是睁开眼睛的黑。"

哇，我沉不住气，兴奋地夸他说得好。于是，我们俩又叽叽咕咕了十几分钟。氛围真是太撩人了，真是睡不着。但是没办法，我是他娘，要给他做榜样。

我们终于在内敛和节制之中睡着了。听到快快均匀的呼吸声，我也安然入睡了。

难得第二天不用练武术，早上七点整，快快的闹钟响一遍，我们的手机各响一遍……

铃铃铃，铃铃铃……

快快安然不动。爸爸起来给我们做早餐。我们还可以睡个十几二十分钟的。爸爸做好早餐，来叫快快起床。

快快嘟囔道："天怎么又亮了，我要把它睡黑回去。"

然后，"咕噜噜"从上铺爬下来，钻到我怀里。这时候，又一轮闹钟响起。

快快说："妈妈，我们不听它的。继续睡。"说话的工夫，又打起小呼噜。

爸爸过来检查，问："怎么还赖床，早餐都冷了。快起床！"

我摇醒快快，跟他说："儿，起床了，七点半了。不然要迟到了。"果然，闹铃再一次不识趣地响起来。

快快发火了："把闹钟扔了，扔到太平洋去，扔到外太空去。"

我跟他说："闹钟扔了，时间还在啊。时间是扔不掉的。"

快快说："时间真可恶。"

爸爸又过来宣读"快快作息时间表"：上午7：15起床，7：30早餐；下午4：00放学，4：15做作业，5：00晚餐；晚上6：00练字，6：30看电视、散步、阅读，8：30睡觉。"

快快很不耐烦，但也没有办法，挣扎着起床。

按照他自己的话说："我眼睛睁不开，又不能怪我。"

爸爸不高兴了："谁叫你不早点睡。作息时间表给你干什么用的？"

我也撑不下去了，赶紧起床，管不了他了。我们家不是老师就是学生，早上就跟打仗似的，不能有半点差池。快快穿好衣服裤子，爸爸给他穿好袜子，戴好红领巾。他还是迷迷糊糊的，刷了牙，洗了脸，用他话说，又活回来了。

吃完早饭，爸爸送他上学，我们各自都去学校了。

上学路上，他还能听到一小段《中国古代神话》。

妈妈，
好想回到你的童年去

快快总是要我讲自己的童年给他听。一天讲一节，一天讲一节，在他的心目中，那么遥远而神秘的妈妈的童年比动画片还有趣呢。

而我讲着讲着，也会情不自禁地向往从前。我跟他讲的童年，一出场必然是这样：

外婆家的门前是一片小海，附近有一个轮船码头，轮船通往象山石浦。外公每天去上班，外婆每天去卖水果。苹果、香蕉、柿子、梨，什么都卖。妈妈和舅舅就在家里玩，家里的水泥地板用红漆漆过，地板上铺满了将红而未红的不太软还有点硬的柿子。这是外婆留着过几天卖的。

妈妈和舅舅可想吃了，但外婆说为了催熟上过药了，不能吃,吃了会生病。到了晚上,舅舅故意跟外婆说,自己吃过一个柿子了。外婆应了一声,也没说什么。

等到第二天外婆一走,舅舅和妈妈就拼命吃,拼命吃,肚子吃胀了吃痛了,躺在地板上滚来滚去。

快快问:"外婆不是说上过药了吗?"

哈哈,我告诉他:"舅舅从小就这么聪明的哦。他故意说自己吃了一个,看外婆没着急,他就知道外婆肯定是为了不让我们偷吃,故意说上过药了。其实,根本就没有上过药哦。"

快快"咯咯咯"笑了,还要我接着讲。

那我就接着讲:"舅舅和妈妈在家里没事干,就到海涂泥里面抓螃蟹,那种小小的红钳蟹,可漂亮了。虽然中午的太阳火辣辣的,但这个时候的螃蟹也是最耐不住的。它们纷纷从洞里钻出来,聚在海涂泥的水草下,一眼望去,红红的钳子,一大堆一大堆都是呢。我们每人拎一个塑料桶,一二三,抓螃蟹比赛开始了。唰唰唰,冲向螃蟹聚集的地方。可那些红钳蟹太警觉了,一眨眼的功夫,全部跑开了。我们把袖子卷起来,到蟹洞里面一个一个地掏。蟹洞可深了,要把整条胳膊伸进去,才能摸到螃蟹呢。抓螃蟹有技巧的哦,先要在手里揣一点泥,把整个螃蟹盖住了,在洞里面,还要把螃蟹摇摇晃晃摇几下,这样,螃蟹就迷迷糊糊的,不会咬到人了。不然,这些小螃蟹咬起人来会出血的呢。"

快快一言不发,听得可认真了。

"接着呢?接着呢?"

"接着,我们就把混着海涂泥的螃蟹一个一个扔进各自的塑料桶里。有时候一只手下去,能够抓到好几只螃蟹呢,最多的一次,妈妈一只手抓到了六只。这些螃蟹来不及跑,都跑到同一个洞里了呢。后来,我们就坐下来数,看谁的螃蟹多,谁多谁就赢了。赢了就可以多吃几个水果或花生什么的。我们拎着战利品回家,全身都是泥,就用皮管冲,妈妈给舅舅冲,舅舅给妈妈冲,可凉快了,可好玩了。"

快快向往极了,嚷嚷着也要去抓螃蟹。

"可外婆早已不住那儿了呢,不知道门前的小海边还有没有童年美丽的红钳蟹?不过,妈妈一定带你去看看。"

"再说再说,妈妈再说呀。"快快央求着。

好吧,那就继续回忆:"妈妈和舅舅后来还做起了小生意呢。因为从这里经过去坐船的人很多,不像现在到处都有矿泉水卖,那时候根本没有矿泉水。如果路上没带水,人们就会很口渴。所以呢,我们俩就想到了一个赚钱的好办法。那就是把家里最大的桌子搬到家门前,找了四个玻璃杯,上面还有玻璃盖子的那种。妈妈负责烧开水,舅舅负责收钱。加白糖的两分一杯,不加白糖的一分一杯。赚了钱,我们就去买瓜子吃,买草糊冻吃,买绞子糖吃。"

"那还有呢,还有呢?"快快太想听了。

"还有外公在后半夜里退潮的时候,带着妈妈去抓鱼。为什么不带舅舅去呢? 因为他怎么叫都叫不醒。外公一只手打着手电筒,一只手拉着妈妈的手,在浅浅的水里走着,一团团黑影'唰唰唰'游过去,那是鱼! 那时候的鱼真是灵活啊,一闪就不见了。那外公怎么抓呢? 外公就用空手去抓鱼。只见外公一手下去,就把鱼给抓住了。那些鱼壮壮的、滑滑的,但到了外公手里就动弹不得了。天一点点亮起来,我们拎着七八条鱼回家的时候,外婆和舅舅还正睡得香呢。"

啊,连我都说得兴奋起来。童年往事一幕一幕,怎么说得完,怎么说得尽兴呢?

"后来,我们还养了五只小鸭子,我们把这些毛茸茸的鸭子一只一只抓过来,放进家里洗澡的木头浴盆里面,给它们游泳呢。我们还养了小鸡,那些小鸡,叽叽叽,叽叽叽,叫得可好听了。也是毛茸茸的,一团一团的,太可爱了。还有,过年的时候,外婆带妈妈和舅舅去桥头捣年糕……"

实在是讲得困了,还有好多好多精彩的故事,且听下回分解吧。

快快那么神往地跟我说:"妈妈,我真想回到你的童年去!"是啊,妈妈也多想回到自己的童年去。可是这真是回不去了呢。

"但妈妈也很羡慕你的童年呢,在西湖边长大的小伢儿也自有一份快乐呀。"

快快想了想说:"妈妈,我的童年也是亮闪闪的。我从小就生活在一个大花园里。西湖就是我们的大花园。对吧,妈妈。我很小的时候,妈妈就抱着我到西湖边,后来我坐在小推车上,妈妈推着我去。再后来我自己会走了,就拉着爸爸妈妈的手一起去。苏堤、白堤,还有杨公堤,妈妈,西湖好美呀。我们还去植物园玩,还拿着火腿肠钓龙虾呢。用一根小木棒拴了一根绳,绳子另一端吊一块火腿肠,放在睡莲的叶子下面,好多龙虾就跑过来了。这些龙虾很傻的,我们一钓就钓上来了,哈哈。"

每个人说起自己的童年总是这么眉飞色舞,因为那是一段最天真、最烂漫的初始岁月。

每个人来到世间,都带着好奇的眼睛看这个世界,他深深地记住了每一棵花草、每一朵白云,这是他一生丰厚的底蕴。

而在渐渐长大的过程中,他总是会对故去的童年一遍一遍留恋地回眸。

其实,宝贝,一个人拥有着不止一个童年呢。就像妈妈,陪着你度过你的童年,等于是我又经历了一个童年。别样的多彩的童年。

谢谢你给了妈妈第二个童年。

嗨，美女

　　快快在学校得了奖或得到老师表扬了，回家来是十二分地得意逍遥。竟然这样跟我打招呼："嗨，美女。"或是："妈咪，烧了啥好吃的？本大王饿了哦。"

　　如果被留下重写作业了，回家来那是十二分地灰溜溜、静悄悄。一个人待在小书房，不做完功课不出来。想要批评他几句，他先开口了："我知道妈妈都是为我好。"

　　这不，他又垂头丧气地回来，跟我说："妈妈，今天你肯定不会高兴的。"

　　我知道多半是被老师批评了，或是考试不理想。

　　我跟他说："其实，妈妈高兴不高兴还不是最重要的，你要问问你自己，你高兴不高兴？"

　　他想了想，说："不高兴。"

我问:"为什么呢?"

他说:"我本来可以考得更好一点的,老师说,因为我不小心扣了很多分。这些分数本来不应该被扣的,只要我仔细一点,我能考出来的。但由于我不仔细,就把宝贵的分数丢失了。老师说,这样很可惜,很冤枉。"

我问他:"如果有两个人在辩论,一个人说分数不代表什么,另一个人说分数反映了很多问题。你会站在谁那边呢?"

他想了一会儿,认真地回答我:"有些时候,分数不代表什么。有些时候,分数反映了很多问题。"我做出一副愿闻其详的模样。

很多问题,我不愿意由我来阐述我的观点。我希望听到他真实的想法,同时也给孩子一个思考和表述的机会,也让他有机会学习怎么去打开自己的思维,组织自己的语言。让他把事情想清楚,说清楚。在此基础之上,家长稍加点拨,可能就会起到事半功倍的效果。懒人都是很喜欢"事半功倍"这个词的,我就是。

我听他说起来有板有眼,挺有逻辑。同时还带有生动的小手势。

"比如说,一个小朋友只知道学习、学习,不关心班集体,也不关心大自然。春天到了,一点感觉都没有。哪里发生重大事情,他都不知道。那他考试考得再好,分数再高,也没有用。

因为学习不只是为了成绩,是为了观察周围的世界,关心周围的人。如果只知道学习,那么分数就不代表什么。"他侃侃而谈,很有指点江山的小气势。

"那么,什么时候分数反映了很多问题呢?"我继续问他。

他又开始他的阐述:"单单从一张试卷上来看的话,分数又反映了很多问题。比如说语文试卷,如果前面基础题分数不高,那就说明他平时课文没有好好背,背得不够熟练。词语填不出来,或者写错了,还有学过的拼音,没有及时复习,写错了,所以扣分了。后面的阅读题如果分数低,那是因为他原文的意思没有看懂,可能因为他平时课外阅读太少了。最后的作文题是看图写话,看到的也要写,没看到的也要写,老师说要有联想和想象,如果分数太低了,就说明他平时缺少思考,没有从很多角度去看问题。"

听他说起来头头是道。我就拿来他的语文试卷,把试题好好看了一遍。

现在的小学二年级试卷可真不简单,不是死记硬背就能考出高分来的。

有一题写词语,是这样:

根据以下两个词语的特点,请另外写两个:温暖、张开。

我们以前还真没这样考过。这样的题目很多同学没有做出来。

　　首先是要观察词语之间的关系。这是一对近义词组成的词语。"温"和"暖"是近义词,"张"和"开"也是近义词。那么可以写:寒冷、巨大、品尝、声音、陪伴、阅览、明亮、黑暗。

　　说得深一些,词语内部结构之间都是有关系的。基本上是有主谓、动宾、偏正、并列这四种关系,而这些词语是并列关系的词语。

　　当然小学生还不需要涉及这些知识。但我要他知道词语内部之间存在着美妙的关系,这也是汉语独特的魅力所在。而学习更应该举一反三。知道了近义词组成的词语,那么马上就要想到反义词组成的词语。

　　我让快快说说看,快快马上想到了:生死、出入、高低、反正、左右、多少、异同、安危、优劣、中外、轻重、远近、真伪、是非、古今、彼此……

　　那么,能不能找到近义词组成的成语呢? 我们一起想到的有:心平气和、海枯石烂、火树银花、刀光剑影、装神弄鬼、铜墙铁壁、装模作样、平心静气……当然也有反义词组成的成语,我们也找了一些。

　　接着,我们俩仔细研究了整张试卷。我跟快快说:"从试卷中,确实可以看出很多问题。试卷像一张心电图,详细而真实地反映出一个学生的学习情况。就好像有病了,只要去检查,机器就会告诉你。出错并不要紧,一次次的考试,就是一次次的出错,那些错题是我们最好的朋友。它告诉我们自己欠缺在哪里。你只要仔细地分析,认真地改错,就能够一点一点地接近完善。但如果你不去理它,就会错上加错,越来越多的错,学习成绩也会一落千丈。既然学习已经挺辛苦的了,如果还不好好学,那不是更可惜、更冤枉吗?"

快快点点头,记到心里去了。

没过几天,回家来,书包没放下,又跟我这样打招呼:"嗨,美女!"

哈哈,想必是又有什么好消息要宣布了。现在我也听得顺了,只要你高兴,妈妈我又何乐而不为呢,但愿隔三岔五地就能听到这样的称呼。

我的理想就是当快快

还在快快四五岁的时候,我问快快:"宝贝,你的理想是什么?"

他依然操控着手里的遥控车,问我:"妈妈,什么是理想?"

我耐心地解释:"理想就是亮闪闪的,就是美滋滋的,就是对未来的想象和希望啊。"想了想,干脆直接一点问吧:"长大了,你想当什么?比如说科学家呀,数学家呀,老师呀,医生呀,设计师呀,建筑师呀……"

没等我说完,他抬起头,对我说:"我就当快快。"

这个答案是我始料未及的。世界停止了三秒钟。我还是很好奇。小人儿的世界里到底在想些什么呢?还是根本就没在想些什么?他是依然故我,哪管你们大人问那么许多问题,心情好的时候,就随口回答一下好了?

可我还是忍不住问："你很喜欢当快快?"

他用小手推开我,嫌我挡着遥控车的车道了。

我赶紧走开一点,很执着地继续问了一遍。

他满不在乎地回答："当然喜欢。有的吃,有的玩,有西湖,有古荡小区,还有遥控车,还有爸爸妈妈、外公外婆、爷爷奶奶,还有方三娣阿姨。"

阿姨听了开心得不得了,抱他过去,亲了好几口。

这时候,他问我了:"妈妈,难道你不喜欢当妈妈?"

我赶紧说:"喜欢,喜欢。妈妈喜欢当妈妈。尤其是喜欢当快快的妈妈。所以,我就当了你的妈妈。"

这回,轮到他好奇地看着我:"妈妈,你本来不是我的妈妈吗?"

我这样跟他说:"本来,妈妈也是外婆的女儿,一开始也是很小的,一点点长大起来的。长到现在这么大,才当了你的妈妈。你以为妈妈生下来就是妈妈吗?"

他笑了。又去玩了。

一年一年地长大,我又问他,你长大了想当什么?每一次,他都斩钉截铁地回答:"还是当快快。"

好几次,我都很羡慕地看着他:"我也想当快快。妈妈跟你换好吗?你当妈妈,我当快快。"

他多么骄傲地看着我,安慰我:"妈妈,当妈妈其实也很

好的,你就当妈妈吧,就别跟我抢了。你一直当妈妈,我一直当快快。"

我跟他说,快快也要长大的呀。从胎儿到婴儿到小小孩到小孩,到小学生、中学生、大学生,到长大了,到当爸爸。快快想也不想,跟我说:"我当了爸爸,我还是快快呀。"

渐渐地,当快快也当出了烦恼。进入小学了,作业越来越多了。当了学习委员,不但要管自己的学习,还要管全班同学的学习。被评为三好学生了,老师说要对自己提出更高的要求。快快开始不适应了。

我问他:"你还想当快快吗?"

他勉强地点点头,再也没有往日骄傲的神色了。

我们好好地交谈了一次。

我跟他说:"没有一个人的一生是无忧无虑的。你的生活已经是相当美好了。每个人都有自己的烦恼,因为他担当了相应的责任。只要我们一直心里燃烧着希望,那么任何困难都会为你绕开的。"

快快说:"可是谁会喜欢烦恼呀。我就想当很快乐的那个快快。"

我笑了:"你说得太对了。谁都不喜欢烦恼。妈妈给你取名快快,也是希望你快快乐乐的。但是,你想啊,如果只是选取了快乐的那部分快快,而省略了烦恼的那部分快快,那么快快就不是完整的快快,也不是真实的快快。所以呢,妈妈希望你一直拥有那个快乐部分的快快,每次烦恼来找你的时候,你都让快乐的快快去打败烦恼的快快。而且,随着年岁的增长,你也将踏入社会。妈妈也希望你一直都拥有小时候那个天真无邪的快快,用那个天真部分的快快打败那个慢慢复杂起来的快快。那么,在你内心深处,始终保存着你想当的那个快快。"

快快眨巴眨巴着眼睛,似懂非懂地看着我。不懂又有什么关系呢? 成长也不是一蹴而就的事情。妈妈会陪伴着你慢慢长大。在一次又一次地蝉蜕之中去一次次地懂得。

宝贝,妈妈看着越长越高的你,无限向往。那种向往真的是亮闪闪的,也是美滋滋的。无论你将来做什么,当什么,普普通通也好,了不起也好,你始终是快快。无论世界多么复杂,你的理想就是这么简单。也由此,你将很不简单。

一起玩游戏，为什么不

　　在写完作业的当口，或者等着出发的一小段时间里，快快会打开电脑，悄悄地跟我说："嗨，妈妈，我们玩盘游戏哦？"

　　"哈哈，"我说，"好啊，正事做完了可以玩会儿小游戏。"

　　快快缠着我："妈妈，我又发现一个很好玩的游戏，我们一起玩嘛！"

　　我正忙着什么事呢，就跟他说："你自己玩啊，有游戏玩还不开心啊？"

　　他对我说："妈妈，我想要你跟我一起分享。"

　　哦，原来玩电脑游戏也需要有人分享。我想起小时候跟弟弟一起玩小霸王啦，超级玛丽啦，俄罗斯方块啦，魂斗罗啦，一人一个角色，一人一个方向盘，真是玩得不亦乐乎。

　　现在回想起来，也是童年不可或缺的快乐源泉。玩游戏，太放松了,是一种全身心的放松。为什么那么多孩子迷恋游戏呢,肯定有它的道理啊。玩的时候,什么作业、升学压力,统统都忘得一干二净啦。孩子需要这样的瞬间,难道不是吗?游戏是为了更好地学习,就像放松是为了把人生的线条拉得更长,更有韧性。跟同伴一起玩,那就更开心了,有比赛,有合作,有默契,有交流。一关一关地打过来,我们就是患难与共的战友啦。直到打通关的时候,我们会击掌欢庆,乐不可支。啊,想想真是美好啊!

这样想着,我跟快快说:"好,妈妈跟你一起玩!"是啊,为什么不?不少家长视电脑游戏为洪水猛兽,为了不让孩子玩,甚至把家里的网线都掐掉。

而另外一些家长,却听任孩子玩,因为他已经管不住过分痴迷于游戏的孩子了。其实我们陪孩子玩游戏,主动权掌握在我们手里,不但可以了解孩子,走近孩子,跟他有了共同语言,而且可以操控玩游戏的时间,在玩之中做出规矩,养成习惯。

这样想着,我跟快快聊起小时候玩过的游戏。

我跟快快说:"其实游戏中藏着很多智慧,我们一边玩的时候,要一边去思考,其实游戏中藏着人生呢。"

哈哈,这样说是不是太玄了呀,其实一点都不玄。于是,我跟快快一起玩超级玛丽。我是红色小背心的玛丽兄弟,快快是绿色小背心的玛丽兄弟。我们俩一起吃蘑菇变大,一起撞箱子

赚金币，一起巧妙地避开从地上冒出来的带剪刀的花，一起往前冲，一个在前面放子弹扫清障碍物，一个在后面吃金币赚钱。终于冲到最后了，我们站得很高很高，一二三，纵身一跳，拉旗，放鞭炮。哈哈，玩得开心极了。

我问快快："你看，玩超级玛丽有什么奥妙吗?"

快快说："有很多奥妙。超级玛丽如果不吃蘑菇，就不会长大，不吃花，就没有子弹。说明我们一定要有营养才能长大。走在路上，既要小心，又要大胆，不能犹犹豫豫的，如果被来来去去的小瘟神撞到就没命了。"

"还有呢?"

"还有就是两个兄弟要互相合作。一个走在前面，一个走在后面，前面的哥哥要掩护弟弟，后面的弟弟要抓紧时间敲金币。这样分数才会高，两个兄弟一起合作，才能通关。"

游戏很好玩，但是视力更重要。我们放下游戏，到阳台上看看绿色植物养养眼睛。

我跟快快说："眼睛是我们最好的朋友。如果没有眼睛，这个世界的千姿百态、五颜六色，跟你就没有什么关系了。所以，我们一定要保护好眼睛，不能让它过度疲劳。应该让它多看见美好的事物、绿色的事物，让它一直清清亮亮、闪闪发光。你看，如果一个人的眼睛黯然失色，毫无神采，那么这个人也是蔫蔫的，没有精气神。多没劲啊!"

快快说："妈妈，我们应该让它休眠一会儿，我们一起来做眼保健操吧。"

于是，快快喊着节拍，我们做了四节眼保健操，再睁开眼睛的时候，感觉眼睛又亮了很多。

快快说："妈妈，我们再玩一个游戏，好不好？玩了之后，我们再休息。然后，今天我就不玩游戏了，待会儿我看书。"

"好啊，你想玩什么游戏呢？"

快快兴奋地跟我说："妈妈，我们一起玩黄金矿工吧。"

哈哈，我们一起玩了起来。快快是左边那个小老头，我是右边那个小老头，我们一人一个钩子，马不停蹄地挖黄金。黄

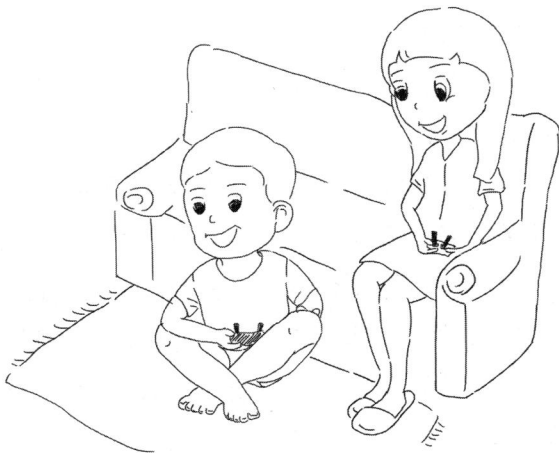

金边上放着火药桶,如果不小心碰到火药桶,那么连着黄金都炸掉了,什么都没有了,分数不到,就过不了关。黄金旁边还会有小猪走来走去,每个小猪是 2 块钱。

一开始,快快跟我说:"妈妈,小猪讨厌死了,走来走去,走来走去,把黄金挡住了,害得我分数这么低。"

哈哈,我问他:"你想想看,小猪虽然只值 2 块钱,但是有些时候,小猪也很有用场哦!"

快快灵机一动:"对,我知道了。那就是我们差点钓到火药桶的时候,幸好小猪帮我们挡住了。这时候,小猪就成了我们的保护伞。"

哈哈,所言不差也。任何事物都有好的一面,也有不好的一面,就看你怎么利用它啦。

一关一关打过去,黄金越来越多了,而且还出现了钻石。那些亮闪闪的钻石被小猪含在嘴里。没有钻石的小猪是 2 块钱一只。含着钻石的小猪是 602 块一只。哇,快快太喜欢那些含着钻石的小猪了。

他跟我说:"妈妈,那些含着钻石的小猪太可爱太可爱了。它们好值钱啊。"

我们一下子钓到了好多好多含钻石的小猪,简直富得不得了,开心地大喊大叫。

我问快快:"含钻石的小猪为什么这么可爱呢?"

快快盯着电脑屏幕说："因为它值钱。"

"哈哈，所以我们做人也要做一个值钱的人哦。"

"怎样才是值钱的人呢?"快快看了看身边的我。

我说："一个有理想有梦想的人，就是一个值钱的人。"

"妈妈，我明白了。如果一个人没有理想，那他就是那只只值2块钱的小猪，如果它有了理想，它就是含钻石的小猪了。"

"是啊，理想就是我们的钻石哦。有了理想，就等于有了钻石。有了理想，一个普通的人就成了一个亮闪闪的人。他就是一个值钱的人，他就是无价之宝。"

我们一边玩着，一边说着，开心极了。

我跟快快说："玩游戏的最高境界就是可以玩，也可以不玩。要玩起来，也玩得很好。说不玩，马上可以停下来。这样我们就不会被游戏控制了。我们应该是自己的主人。"

这样说着的时候，快快心满意足地放下游戏，安安静静地看书去了。

妈妈，今天纯玩吗

星期天的早上，全家睡到了自然醒。睁开眼睛，晴晴的暖暖的阳光洒在身上很舒服。

快快开心地说："爸爸妈妈,真幸福啊!"亲爸爸一口,又亲我一口,满足极了的神色。

我问："怎么幸福呢?"

快快说："这还用问! 星期六、星期天最幸福了,这两天没有闹钟,不用早起。不是闹钟把我们吵醒,而是阳光把我们照醒的。"

哇,又是一句妙语。爸爸妈妈不约而同左一口右一口地亲了快快。

快快"咯咯咯"笑起来,对我说："妈妈,今天纯玩吗?"

"哈哈,怎样算纯玩呢?"

"纯玩就是纯粹地玩啊。就是一个字：玩。其他什么都不用去想，什么都不用去做。就是铺天盖地地玩，漫山遍野地玩。就是玩得不知道是什么时候了都没关系，旁边还没有人说的那种玩。"快快描绘着心目中的理想境界，已经兴奋得不行了。

"纯玩为什么就快乐呢？"我像一个记者一样采访他。

"妈妈，玩就是轻松，就是 happy！玩就像空气一样，呼吸一口，又呼吸一口。天空蓝蓝的，白云飘来飘去，多舒服啊。谁不喜欢玩呢？纯玩就是纯快乐，百分之一百的快乐。一点点不快乐都没有的那种快乐。就是要快乐够了，快乐累了，才停下来。这样才是纯玩。"说得好令人向往啊。那么我们为什么不纯玩呢？

"当然纯玩！双休日不纯玩还能干什么？"爸爸也支持他。

"难道还上兴趣班啊？"快快接道。

"哈哈，那你想怎么样纯玩呢？"我笑问他。

"爸爸妈妈陪我去放风筝！然后我们坐在草地上，搭个小帐篷，看看书，踢踢球，扔个飞盘，下个军棋什么的，就可以了。"原来是这么简单的要求。

但是当我们走到江边草地上的时候，并没有发现很多小学生。果然，他们是去兴趣班了。有些学画画，有些学唱歌，还有一些学书法、学英语，满脑子装的都是文化知识和学习技巧。只能在兴趣班的下课时间，抽个空出来跳绳和踢毽子。一

上课,又回各个培训机构里面去了。他们脑子里没有蓝天和白云、草地和风筝。星期一到星期五都是满当当的课堂和沉甸甸的书包,星期六和星期天依然是。

"妈妈,兴趣班名字叫作兴趣班,其实谁会有兴趣啊。"快快一语道破。

果然是,那些更多的是爸爸妈妈硬塞过来的兴趣。其实那些家长也很辛苦,他们平时也上班,星期六和星期天还要陪着孩子来上兴趣班。孩子在上课,他们就在教室外面看报纸,看书。一节课一节课地等下去,等到中午休息了,跟孩子一起吃个盒饭。下午孩子继续上课,父母继续陪。

为什么我们的小学生过得这么累呢?为什么我们的小学生家长也过得这么累呢?家长认为多塞一点是一点,不能输在起跑线上,所以不顾一切地去赶,去拼。

"那我们天天纯玩好不好?"我们仨躺在草坪上,呼吸着好闻的青草气息,爸爸这样逗快快。

"爸爸妈妈你们不能天天纯玩,这样就没有人上班,没有人赚钱了。那我们家怎么办?没有钱吃饭,没有钱上学,也没有钱玩了。"

哈哈哈,他倒是看得清。

"那你呢,要不要天天纯玩?"我们继续问他。

"我也不能天天纯玩。我也要学习的呀。去学校跟老师、同学在一起，也很好玩啊。其实，上课也很好玩的。语文课，老师让我们扮演课文里面的人和动物，就是表演课本剧，可好玩了。英语课，老师教我们说英语。我问老师，为什么外国人要说这么难懂的话？我们中国人为什么说这么好懂的话呢？同学们都笑了。还有数学课，有个同学说有理数就是很讲道理的数字，无理数就是无理取闹的数字。同学们又笑了。"快快一边说，一边哈哈哈地笑着。原来上课也这么有趣，这么好玩呢。

"那你也是很爱上学的啰？"

"是啊，上学又不是上兴趣班。上学本来就要上的，不上学，还叫什么小学生呀。"原来小学生是这么值得骄傲的一个称呼哦。

"那你为什么讨厌兴趣班呢？"我还是穷追不舍。

"双休日双休日，妈妈，休就是休息的休。猜字谜的时候，是一个人靠在大树上，叫作休，对吧？本来就是让我们休息的呀，应该休息的时候还要去上兴趣班，那你说谁还有兴趣去上呀？妈妈，那些人的爸爸妈妈真耍赖，明明是休息日，还要让孩子去上兴趣班。"

是啊，孩子的要求多么简单啊。没有兴趣的兴趣班，孩子们又能学到什么呢？童年如果没有快乐，那么一辈子都不会快乐。该上学就去上学，该休息就去休息。这才是一个守信用的家长。

逃学旅游没人怪

话说我们娘儿俩都是喜欢旅游的人啊。旅游对于我们来说，就像最新鲜的空气和水。我问快快："旅游是什么呢？"

快快说："旅游就是猴哥拿着金箍棒，你挑着担呀，我牵着马。迎来日出，送走晚霞。"

哈哈，可不就是？西游西游嘛，是一个历尽了千辛万苦的励志故事，但同时又何尝不是一场诗情画意的旅游呢？

我接着说："旅游就是跟着天上的白云走，白云走到哪里，我们也走到哪里。古人就把旅游叫作云游呢。云游四方，是多少人的梦想啊！"

快快看着我憧憬的眼神，对我说："妈妈，那是坐着飞机在旅游吧。我们坐在飞机上，飞机坐在白云上。飞啊飞啊，就飞到了另一个地方。"哇，这样一说，又更加令人憧憬了呢！

"旅游还是什么呢?"我继续问快快。

"这个嘛,"快快想啊想,说,"妈妈,旅游就是时光穿梭机,从这一个空间来到另一个空间,从这个时间来到了另一个时间。"哇哦,说得好哲学啊。

我说:"旅游就是把地图走成土地。这个地方,如果你不去走,那么它永远只是一块地图,只有你用自己的双脚去亲吻过了,这块地方才成了你的土地。它跟你有关了,它是你的了。你走得越多,那么你的土地就越多。你的财富也就越多。"

哈哈,这样说着说着,我忍不住和快快说:"那么,我们明天就去旅游吧!我们何不来一场说走就走的旅游呢?"

快快马上露出了惊喜而明亮的眼神,但马上又暗了下去:"妈妈,明天是星期一呀,不上课了?"

"要不咱们请个假?但是作业怎么办呢?功课落下了怎么办呢?"

快快的眼神马上又亮了回来,眨眨眼睛,神秘地说:"妈妈,我们把课本和作业带上不就行了?你每天给我上一课,然后我把作业写了,不就行了?"哈哈,可行!

接着当然很顺利了!打电话给旅行社报了名,在老师那儿请假成功!于是,快快带上小书包,妈妈带上旅行包,我们就这样坐飞机出发了!

去的是哪儿呢?去的就是美丽而神秘的彩云之南呀。这

一路上的美景美食我们早已按捺不了了。更难得的是天气晴朗，白云一朵朵，蓝天一片片啊。不用说我们的心情有多么舒畅了！

但是我们也没有忘记学习。每天到旅馆的第一件事情，就是快快打开书包拿出课本，让我给他上课。我非常认真地给他上课，他非常认真地写作业。写完作业，我们又复习了一下。

这样，第二天玩起来，我们就很有底气了。充实而又愉悦的生活就是完美的生活。旅游、学习两不误，才是最好的旅游，最好的学习。

这不，回来好久了，快快还在那笑个不停，说个不停，唱个不停，小灵感喷泉一样地涌出来。听了云南十八怪，乐不可支，说要整一个咱家十八怪：

妈妈唱歌胜天籁，快快又乖又可爱。

家有珠宝没人戴，字写得好呀不去卖。

金箍棒呀随身带，快快妙语一串串。

爸爸冬天像热水袋，妈妈写书到处卖。

冰箱用了十五年还不坏，冷死不把热空调开。

爸爸总是第一个起来，妈妈很晚还不睡。

快快捡爸爸裤腰带，爸爸亲来妈妈爱。

逃学旅游没人怪，作业照样补回来。

快快练武不要赖，勤奋刻苦好男孩。

快快高声朗诵给我们听，我们听得前仰后合，大赞有才。

接着呢，他又说来灵感了，大笔一挥，写了一篇作文，是写给马老师的一封信：

马老师：

　　您好！

　　我从云南回来啦！您和同学们都还好吧？云南美食丰富，民族风情很有特色，我很想跟您说一说。

　　云南的美食有牦牛肉、鲜花饼、过桥米线等。牦牛肉让人直流口水，一口咬下去，中间的肉丝都挤出油来，松软可口，可以和羊肉串相媲美。鲜花饼是由精选面粉、食用鲜花、豆沙制成的。一口咬下去，满嘴都是鲜花的清新、芳香。过桥米线还有一个美丽的传说呢。相传有一个秀才在岛上读书，他的妻子每天送饭给他吃。有一天送的是鸡汤和米线。秀才吃的时候，鸡汤还很烫，觉得奇怪。原来是鸡汤里的油保住了汤的热气。从此，人们就把米线放在鸡汤里面吃了。因为妻子送米线时要经过一座小桥，所以就把它叫作"过桥米线"。

　　云南有彝族、白族、傣族、纳西族等。彝族的女子叫"阿诗玛"，勤劳、能干的男子叫"阿黑哥"，贪吃懒做的叫"阿白哥"，而"阿花哥"则是花心大萝卜。白族

称男子为"阿鹏哥",称漂亮的女子为"金花",比较漂亮的叫"银花",还过得去的叫"铜花",实在不漂亮的就叫"狗尾巴花"(哈哈,是我开玩笑啦)。傣族的男子叫"猫哆哩",女子叫"骚哆哩"。纳西族以胖为美,所以女子成了"胖金妹",男子成了"胖金哥"。

　　还有好玩极了的云南十八怪呢!石头长在云天外,牛奶做成扇子卖,鲜花四季开不败,烟筒装酒真奇怪,锅盖当作帽子戴,歌舞成了下酒菜,大理石头当画卖,花花草草都是菜……还是让我星期一上学时讲给您和同学们听吧!

　　最后,让我用纳西语跟您告别:哎啰啰喂,泪多多!(你好,再见!)

　　　　　　　　　　　　　　　　　　陈快意

　　　　　　　　　　　　　　　　　　2014 年 12 月 27 日

妈妈，我喜欢你穿旗袍

快快放学回家，妈妈开门迎接。

书包没放下，就跟我说："妈妈，不要整天穿着件睡衣。"

既然这么说，那我就去换了件旗袍穿上。没想他冲过来就抱住我说："妈妈，你太有女人味啦！"

"哈哈，什么是女人味啊？"

"女人味就是很美啊。长长的波浪一样的头发，好看的衣服，淡淡的香水味。"哇哦，小男生懂这么多啊。

真是"爱美之心，人皆有之"呀。快快从小就喜欢漂亮姐姐、漂亮阿姨。看见漂亮阿姨，他会走上前，跟她搭讪呢！"阿姨，你就是嫦娥姐姐，我就是小玉兔，你抱抱我好吗？"逗得阿姨笑成了一朵花，放下手里的东西就来抱他。

还更小的时候，他不羡慕别人有哥哥有弟弟有妹妹，他羡

慕别人有姐姐。特别是那种长着洋娃娃似的大眼睛、长睫毛的漂亮可爱的小姐姐。

他回家央求我："妈妈，妈妈，你再生一个嘛！"

"再生一个什么？"

"再生一个姐姐啊！"

"哈哈，要生出来也是弟弟或妹妹，哪能生出个姐姐呢？"

可他不管："我就是喜欢姐姐。带我玩，对我很好，又温柔又可爱的姐姐。"

"妹妹也很好啊。"

"妹妹才不好，妹妹都是很娇气的，动不动就哭，还要我管着她。"他倒挺知道利害得失的呢。

这么说，女人味还要温柔又可爱！怪不得我声音稍微高一点训他的时候，他就会说："妈妈，你的女人味呢？"这无形中给我提了很高的要求啊。时刻想着温柔、温柔。想想也是，谁不喜欢自己的妈妈轻声细语、温柔美丽呢？

他很喜欢看我以前的照片。当我还是一个小女孩的时候，当我还在读大学的时候，当我还没有遇见他爸爸的时候，当我还没有生下他的时候。

他会无限地感叹："妈妈，你以前好美啊！"

我怯怯地问："那，现在呢？"

"现在嘛，当然是另一种美。"呵呵，挺会说话的呀。

他尤其喜欢看我的婚纱照。一张一张翻过去,回头对我说:"妈妈,你穿婚纱好美啊!要是你每天都穿婚纱就好了!"

我哈哈大笑起来:"要是妈妈每天穿婚纱,怎么去上课,怎么去买菜,怎么给你烧饭吃啊?"

好久了,快快依然拿着相册,一边翻着,一边喃喃自语:"婚纱怎么就这么美呢?像公主一样美,像皇后一样美。"哈哈,整个陶醉在童话世界里了呢!

我倒是穿衣服随意的人,只要舒服就可以。从来不穿高跟鞋,也不会描眉画眼的。说来也惭愧,高跟鞋穿不来,哪怕只有一点点跟。站在讲台上,几节课站下来,平底鞋都够累的了,更不用说高跟鞋了。

可是现在家里有了个小造型师,可不敢乱穿衣服。幸好他对化妆和穿鞋还没啥要求。但是衣服如果穿得过于随便,他就会来说了:"妈妈,你就不能穿得漂亮一点吗?"

"穿什么才算漂亮呢?"我请教他。

"穿裙子啊,然后配上长靴子。"

"穿裙子怎么就漂亮呢?"

"穿裙子年轻,又有女人味。"

我只好去换了裙子,套上一双长长的靴子。他这才满意地笑了。

过几天要去参加他的家长会了。他提前跟我打招呼:"妈

妈,我喜欢你穿旗袍。"

"为什么呀?"

"穿旗袍美呀。穿旗袍很有女人味。"

"穿旗袍怎么有女人味呢?"

"像电影里面一样啊,透着一种古典的气息。"哈哈,我儿审美还真不错!

他希望妈妈穿得漂漂亮亮地去参加他的家长会。

我跟他说:"外表漂亮固然令人舒服,但是一个人最重要的还是心地善良、勤奋努力呀。"

他马上反驳我:"妈妈,心灵美的人难道外表就不能美吗?外表不美的人,心灵也不一定就美呀。外表和心灵可以一起美的呀!"

哈哈,完全被他说倒。好吧,看来,外表美也是一个值得重视的事情。谁不喜欢赏心悦目的妈妈呢? 谁不喜欢内外兼修、美丽又智慧的妈妈呢? 看来,漂亮还是一个不小的任务,是孩子给予妈妈的新任务。

哈,好玩吧。现在的小屁孩,你跟他讲心灵美,他跟你讲女人味。不过呢,他就是喜欢妈妈美,而且一直这么美。那么,妈妈也要一直美下去呀。

妈妈最厉害

邻居逗快快玩,问他:"你们家谁最厉害呀?"

快快想也没想,脱口而出:"妈妈最厉害!"

邻居笑了,接着问:"为什么呀?"

快快答:"因为妈妈是水瓶座。"

"哦,那你和爸爸呢?"邻居很感兴趣的样子。

快快很认真地分析给他听:"喏,我是巨蟹座,我爸爸是双鱼座。你想想看,没有水,我们怎么活呀?"

邻居哈哈哈地笑起来,直夸这小伢儿真有意思。

他回到家,把这事跟我说了。我也笑了。

我跟他说:"我们一家人都很厉害。爸爸爱妈妈,妈妈爱快快,快快爱爸爸,爸爸爱快快,快快爱妈妈,妈妈爱爸爸。哈哈,我们就是一个循环的小集体。一家人相亲相爱最厉害。如

果没有你这只小螃蟹，没有爸爸这对鱼，妈妈这瓶水也没有用武之地啊。爱是互相的需要，就像妈妈爱你，是妈妈的需要。"

快快想了想，说："哦，妈妈，我明白了。就好像妈妈烧了饭菜不给我和爸爸吃，给谁吃呢？烧得再好吃，如果没有人吃，那不是太没意思了吗？食物要做给喜欢吃的人吃，吃的人也要欣赏和尊重做食物的人。对不对，妈妈？"

哇哦，说得真好呀，听得我都陶醉了。

过了些天，突然有好几个快快的同学相继过生日，都早早地邀请快快去参加他们各自的生日 party。

可是问题出来了：送什么礼物好呢？

关键是要有创意，送得对方真心喜欢。

卡片、巧克力、芭比娃娃、赛车、直升飞机玩具，现在的小孩，谁没有这些呢？全家一起想了好多天，都没有想出个所以然来。

眼看同学的生日一天天逼近。还是爸爸点亮了："送妈妈的书呀。让妈妈和快快都签上名字，写上祝福。每个过生日的小朋友都送一本，这多有意思呀！"

哇哦，全家一致通过。爸爸得意地问快快："怎么样啊，爸爸厉害吧？"

我这本书就是写给小朋友看的，也写到许多快快日常生活中的小故事，还挺受孩子们欢迎的呢！

我一个劲地为爸爸这个创意点赞。

没想到快快捧起书，对着爸爸摇摇头："爸爸，你这是百分之一的灵感。妈妈这本书才是那百分之九十九的汗水啊！"

哈哈哈，又把我们都逗笑了。爸爸笑说："妈妈厉害，妈妈厉害！"

我跟快快说："爸爸这百分之一的灵感可厉害了，这百分之一的灵感起到了点石成金的作用。我想这本书能作为你送给同学们的生日礼物，它自己也会很高兴呢！"

没想到，几天后，同学们纷纷向快快要书。原来过生日的小朋友收到快快送的生日礼物之后，带到学校里去看了。其他同学看了，也都很喜欢，所以都想要一本。

快快笑着说："等你们过生日的时候,我都会送给你们!"

他们都嚷嚷着："不行,我们的生日还远得很呢! 我们现在就想要你妈妈的书!"

可是我手头也没有书哦,那就让他们到新华书店去买吧! 果然,没几天,人手一本,都在翻着看呢。有了书之后还让快快转达叫我签名。

快快得意地说："我妈妈厉害吧?"

我一本一本签好,同学们都开心极了。

接着,又有同学跟着快快到我们家里来,要见见作者。

哈哈,完全是一群小粉丝啊。

又听见快快跟同学们说："我妈妈很厉害的,她每天都要写文章,一天不写就受不了。我就见过两个名人,一个是奈保尔,一个就是我妈妈。奈保尔是外国人,是诺贝尔文学奖获得者,他已经八十多岁了,上次暑假他到杭州来做讲座,我妈妈带我去听了。那天刚好是他的生日,我们还给他唱了生日快乐歌呢!"

我一听,把我跟奈保尔放一起,差点晕过去,真想找个地洞钻进去啊! 同学们露出羡慕的神色。

快快接着说："我也很喜欢写,我要向我妈妈学习。你们也多写写呀,也向我妈妈学习呀!"

同学们点点头,表示赞同。

　　我跟同学们说："阿姨只是一个小小的作家啦。但写作确实是一件很快乐的事情。你们从现在开始写,肯定会写得越来越好。"

　　快快带头鼓掌,然后像说解说词一样,配着我刚才的话:"怎么样,我妈妈厉害吧? 还这么谦虚。谦虚使人进步,骄傲使人落后。所以,我妈妈会越来越进步的!"

　　同学们又点点头。

　　哦,还有什么话好说呢,厉害就厉害吧。

　　唉,当妈妈的要更加努力了,那才不辜负孩子对妈妈的期望和向往啊!

第五辑

快快的幸福生活

快快的三个公主

快快有三个公主。公主一叫媛媛,公主二叫融融,公主三叫依依。

我说:"哪一个公主最好啊?"

他说:"三个都好。"

我说:"最喜欢哪一个啊?"

他说:"每一个都最喜欢。"

我说:"那怎么办呀?"

他说:"什么怎么办啊?"

公主一是最早的公主。那时候我们住城西,快快读的是浙大幼儿园。快快两周岁就上了小小班。一开始,非常不适应,不哭不闹,就是绝食,不吃饭。老师喂也不吃,校长喂也不吃。在整个幼儿园都出名了,所有人都知道小小班有一个倔强的不吃饭的小男孩。这还一度成为学校老师的攻坚难题。当然,晚上一接回家,他就吃饭了。所以那时候,他一天吃两餐,瘦瘦的,小小的,可怜得很。

两个星期之后,公主一媛媛走向了他。

她跟他说:"不吃饭,肚子饿饿,要生病。好孩子都要吃饭饭。"还冲快快温柔地笑了。

这一笑之后,快快就开始吃饭了。不用喂,也不用哄。媛媛喜欢当老师,午睡的时候,喜欢拍着小朋友,给他们唱歌,哄他们入睡。等他们都睡着了,她才睡。要知道她也才两周岁呀,但她天生就有大姐姐范儿,喜欢关心别人、照顾别人,当然也要安排别人。

快快越来越喜欢跟在媛媛后面。

媛媛吩咐:"玩沙的时候,要小心一点,不然沙子会掉进眼睛里的。"

快快说:"哦。"

媛媛吩咐:"走楼梯慢慢走,别跑那么快。"

快快说:"哦。"

媛媛又吩咐:"青椒也要吃,红萝卜也要吃。"

快快说:"哦。"

我去接快快,媛媛跟我说:"阿姨,他今天中饭吃得还可以的。"

我很认真地感谢她："谢谢媛媛,让你费心了。"

她又温柔地一笑,露出细白白的乳牙,多像个贤惠的小媳妇呀。

后来我们转到这边来上幼儿园了。但我们两家会时不时在西湖边碰面。他们俩会互送自己看过的好看的童话书。媛媛在扉页上写着:送给王子快快,你的公主媛媛。快快在扉页上写着:送给公主媛媛,你的王子快快。这倒是很好的礼物呢,一套书里面装着两个人的童年哦。

转到这边幼儿园的时候,公主二出现了。公主二融融来自宝岛台湾,她爸爸是台湾总公司派到杭州分公司来的。她妈妈也跟着来读中医药大学的研究生。他们一家就租住在我们家前一幢。我们双休日就两家并一家,一起吃饭、喝茶、写书法。或者,一起走山路。

有一次,清晨出发,黄昏回归。从九溪开始,杨梅岭、满觉陇、十里琅珰,共计食用五十个包子,二十根棒冰,三四瓶大可乐瓶的水。

公主二是个黑公主。刚来的时候,因为她长得黑,还一嘴的台湾腔,把爸爸妈妈说成靶靶马马,把企鹅说成气鹅,小朋友都不肯跟她玩。但她是男孩子的性格,也没怎么不高兴,就一个人玩。

这时候快快及时地表现出了大陆小朋友大气宽容的风

范,跟小朋友们说:"台湾是中国的一部分。我们都是中国人。"渐渐地,大家就跟融融玩到一块了。

融融过生日的时候,跟着妈妈去做了一个蛋糕。她还约了七八个小朋友,抱着蛋糕,到我们家来过生日。融融说:"我喜欢快快家,也喜欢快快和快快妈妈。"说得我心里乐开了花。

幼儿园毕业的时候,融融爸爸要回台湾总公司去了,融融也要跟回去读小学。

融融妈妈开玩笑说:"在大陆,大家说你是台湾人。回台湾,大家会说你是大陆妹。"

快快说:"那她又是台湾人,又是大陆妹呀。"说得大家都笑了。

我们依依不舍地分别了,并且约好去台湾看他们。

接着快快上了小学,就遇见了公主三。公主三依依一团雪白,真是粉雕玉琢的小公主。每天穿公主裙,梳公主辫,戴着蝴蝶结发卡。跳舞、唱歌、画画,什么都会。男生女生都围着她转,上课下课都盯着她看。

快快回来,也暗暗感叹:"公主三真美啊!"

我说:"怎么美啊?"

他说:"妈妈,那种美,白白的,嫩嫩的。裙子像婚纱,粉粉的。"还把她带回家给我看,叫我炒蛋炒饭给她吃。

只要公主三发话,说一就是一,说二就是二。

"去去去,都别围着我,都写作业去,谁作业做得好,我就跟谁玩。"原来美人从小就为美丽所累啊。

快快就很认真地写作业,写得好,老师给了三个五角星,公主三才会跟他玩。

所以呀,妈妈我交代了他几句:"不好好读书,公主就轮不到你了。只有努力奋斗,才会有美丽的公主哦。"原来,坚强的男人就是从小男生开始这样慢慢炼成的。

就这样,小学生快快认真上课,积极回答问题,表现给公主三看。双休日呢,跟公主一约西湖边划船。

在见到公主一之前,快快庄重地提醒我:"妈妈,等会儿见到公主一,记住不要说到公主三,知道没有?"

我差点笑晕,忙说:"知道,知道。"

这些天,又说想念公主二了。

我说:"暑假我们去台湾看看她呀。"他兴奋得睡不着。

但我说:"期末考试如果考不好的话,真是不好意思去见公主二呢。"

他忙说:"对的,对的。我一定好好复习。"

爸爸教好，妈妈教坏

放学一回来，快快对我们说："爸爸妈妈，老师说，在学校要做个好学生，在家里要做个好孩子，我就是那个传说中的好孩子。"

"那你怎么表现呢?"我这样逗他。

他马上过来给我捶背。

哈哈，我跟他说："好孩子当然人人爱啦，但是我们要做一个活泼、可爱的好孩子。甚至带点调皮都没有关系的。妈妈眼里的好孩子，除了乖还要巧;除了读书好，还要热爱生活;除了听话，还要有自己独立的思考。有时候，一个人也需要有一点点'坏'哦。"

"不会吧，你要把我教坏!"快快听呆了。

爸爸笑着说："妈妈说的坏可不是真正的坏哦。"

快快吐了吐舌头,摇摇头,百思不得其解。

哈哈,我就跟爸爸约定,我来教坏的,爸爸教好的。

作为快快的两个监护人,作为爸爸和妈妈,我们都相当负责任地认为好和坏都不可或缺,应该交相辉映。

于是,我们就分头行动啦。

爸爸教他《三字经》《弟子规》《孝经》《论语》,跟他讲礼义廉耻、忠孝节操。爸爸当然也很刁,知道孩子不喜欢这么枯燥的老一套,就买了相关的动画版 DVD,时不时地给他放一放。

他首先是被那些配乐节奏和精彩的画面所吸引,后来就跟着读,渐渐地听多了,读多了,就能背了。

感兴趣之后,他爸爸就详细地给他讲解,举了许多生动有趣的小例子,还活学活用到生活中。比如,有时候他在看电视,要吃饭了,我们叫叫他不来,叫叫他不来。

他爸爸就问他了:"刚刚昨天跟你讲的《弟子规》里的那一句怎么说的?"

他马上回过神,答道:"父母呼,应勿缓。父母命,行勿懒。"

他爸爸让他把意思解释一遍,他说:"爸爸妈妈叫我,我要及时回答,不能拖拖拉拉。爸爸妈妈有事交代,我要立刻去做,不能偷懒。"说着,他快速地坐在餐桌旁认认真真地吃饭。吃完饭,还把餐桌收拾了,把地扫了,还给爸爸妈妈捶捶背。我呢,就带他K歌、蹦迪,教他随着音乐的节奏尽情舞蹈。

他喜欢摇滚,唱《回到拉萨》《梦回唐朝》,还挺像模像样。

经常是我们全家三个人轮流每人一首歌,唱它个几小时。平均两星期一次。

三四岁的时候,还有很多字不认识,他看着屏幕干着急呀,为了把歌词学会,他回家让我教他认字。

当他自己要学的时候,学起来真是事半功倍。

等他幼儿园毕业的时候,小学一年级需要学习的汉字中,百分之七八十的字他都认得了。

因为K歌K得多,他的乐感也很好。在学校音乐节还获得了不错的成绩呢。而且,经常唱歌的孩子会很快乐,很开朗。怀他的时候,我就天天唱歌,他在肚子里跟着我的节奏滚来滚去呢。

后来,他爸爸教他游泳、轮滑、骑自行车,跟他讲安全知识、防火措施,逃生以及自救的一些小知识。跟他讲看见陌生人不要随便说话,不能全部相信别人的话。听到门铃,不要马上去开门,要用猫眼看看是不是认识的人。

所以,每次我在楼下按门铃,他都问:"请问你是谁?"

我说:"我是你妈妈。"

他继续问:"请你说一下你的手机号码。"我答对了,他才开门。

小孩子学会自我保护也是非常必要的。而我呢，就教他到同学家里玩，或者邀请同学到我们家来玩。他一带带好几个，我做饺子、烤鸡翅给他们吃。吃饱喝足之后，由着他们在我家闹腾个够。自我保护固然重要，但人与人之间都像防贼似的，还有什么意趣呢？

他爸爸又教他端端正正地写字，每天写几行。

有时候是毛笔字，有时候是硬笔字。

他爸爸每天吃了饭就写，写好了还让他来评。他评得还真像那么一回事。

他说，字和字之间要相亲相爱，不能离开太远。但又不能太近，太近了就太挤了，坐不下去了。又说，写字就像练武术，横就是棍，竖就是剑，撇就是大刀。刚赞他厉害呢，问他捺是什么，他说不出来了。

我教他吹泡泡糖，这个真不好教呢。跟他说，先把泡泡糖咬烂，用舌头顶着，然后鼓着气，吹。教了好长时间才教会。

我又教他打扑克。跟他说，扑克一共54张。分为4种花色，分别是黑桃、红桃、草花、方块。2到10，他都认识。"J"呢，我告诉他，比10大，是英语"Jack"（侍卫）的首字母；而"Q"是英语"Queen"（皇后）的首字母；"K"是英语"King"（国王）的首字母；"A"是英语"Ace"（一流的）的首字母。所以，A比K大，K比Q大，Q比J大。还有2个最大的是副司令和正司令。他一下子就听明白了，我们就开打了。从争上游开始，一边打一边教他，现在他每天都想要来几盘了。

前几天，他问他爸爸喝酒是什么感觉。他爸爸说如果没有酒，这个世界不知道少了多少乐趣呢，并且背了杜甫的《饮中八仙歌》给他听，说如果不喝酒，李白哪有"天子呼来不上船"的狂傲之气呢。而王羲之的《兰亭序》也是在酒酣之际才写得如此龙飞凤舞的呢。

说着，沾了一点酒，给他尝了尝。

我赶紧打住，跟他说："小酌是品味，烂醉就是毒药。既不利于身体健康，也不利于为人处世。小孩子正在长身体，就碰都不能碰啦。"

这下子，他爸爸倒教了一回坏，我教了一回好呢。

等他长大了，他爸爸肯定要跟他讲男子汉的责任和担当。而我呢，就教他怎么吹口哨，怎么追女孩。

打不是亲

快快问我："妈妈,你小时候乖不乖,外公外婆有没有打过你?"

啊,这个嘛,我小时候真不算乖。隔壁家的大哥哥欺负我,我打不过他,就把他妹妹打哭了。第二天,他又来欺负我,我就把他们家的玻璃窗打破了。

"啊,妈妈,原来你这么不乖啊!"快快颇有些失落。

"那外公外婆都不管你的?"他充满好奇地看着我。

"当然管了。但是外公外婆从来不打我。他们都会耐心地跟我讲道理。"

"那你要是不听呢?"快快继续问。

"不听就继续讲道理啊,讲到听为止。"

"那不是很累吗?"

"当然累啦,你以为管孩子这么好管吗?"我笑着刮了他一个鼻子。

没想到,过了没几天,他就被我打了。

我去接他,他居然被留在教室里写作业。这样的事情已经是第三次了。

但他看见我,丝毫没有愧疚之色,笑着说:"妈妈,妈妈,老师又表扬我了!我主动倒垃圾。"学会报喜不报忧了。

我一下子就火了。

老师说:"本来也不留他的,实在是太贪玩了,课堂作业写得慢,叫他下课补,一下课人影都没了。带了很多同学到操场上去玩。那些玩回来的同学动作快,把作业补上了。他慢,就没来得及补上。"

快快接着说:"我写了又擦,写了又擦,所以慢。"

老师说:"字是写得很端正的,但速度实在太慢了。"

我又得知,课堂考试还有一面试卷来不及写,成绩差是不用说了。哎,之前还特地给他复习过,给他模拟考试过的。

勉强忍住怒火,直到跟老师告别,回到家里。我全身发抖,肺都气炸了,手脚酸软,难以自控。什么教育学理论都不管用了,裴斯泰洛齐、赫尔巴特、福禄贝尔、蒙台梭利、乌申斯基,什么什么的,我的教育学全部白学了。

头脑里面只有一个字:打。

　　我脱了他的裤子,在他屁股上狠狠地打,他的眼泪决堤而出。我一边打,一边训,直到自己的手打到发疼发痒,没有了力气。可我还是不解气。他爸爸回来了,问了原因,示意我可以收手了。

　　快快嚎啕大哭,我一点点都不心疼,不同情。我依然气得发抖,全身都在颤抖。

　　好久没有这么入心入肺地生气过了,也才更真切地体会到什么叫作可怜天下父母心。

　　想起小时候,隔壁邻居被他妈打,是用竹条子打的,打得一片片血丝,一星期屁股不能坐。就是要趁早打,趁小打。再大点,就根本不听了。真是恨铁不成钢啊。不是不会写,不会做,就是不认真去写、不认真去做。拿父母的话当耳旁风,怎么就不听点进去呢?自己的那一摊子事不认真去做好,就是不负责任,就是没出息。管你有几岁,几岁就有几岁的责任。从小就没有责任感,长大了又有什么担当、什么作为呢?

　　我想我在乎的并不是成绩,而是对待学习的态度。

　　小孩子也一样,怎么可以总是嘻嘻哈哈、稀里糊涂的呢?人总得有个底,有个本分的呀。我这样理直气壮地一边哭着,一边跟他爸爸叨叨,越想就越伤心。心想想,你这儿,爸爸妈妈都白疼你了,我们也算是开放的家长了,整天陪着你玩,什么兴趣班都没有逼着你报。你还不知足,爬到头上来,连作业都不好好写，真是太宽松了。想想那些离家出走、上通宵网吧，甚至打架斗殴、飙车杀人的青春期少年，我都吓怕了。我跟他爸爸说，要趁早打。大了，根本管不了了。不但自己没出息，还连累了社会。

他爸倒笑了，悄悄跟我说："你想得过头了，没那么严重。"

我还是不服气："多少小孩就是这样惯出来的呀。"说实在，这真是第一次这么严厉地打他。我看见快快真被吓住了，一边在那儿补作业，一边轻声啜泣着，还吸着鼻涕。我才有点冷静下来，觉得自己下手有些重了。

我跟他说："把眼泪擦了，鼻涕擤了，脸洗了，再回来写。"

他说："哦。"

我跟着他来到卫生间。我把毛巾打湿给他擦脸的时候，分明感觉到他下意识地推开了我的手，而且他的身体也在微微地颤抖。我检查了他的屁股，红红的手印还依稀可辨。他又很委屈地大声哭了。我想起我童年的顽劣，其实他比我乖多了。我跟自己说，要温柔，要温柔。于是，我走过去，跟他道歉了。我说："爸爸妈妈再也不打你了。"

我们不能用自己的一米六一米七的身高来压制你一米三一米四的身高。这是一种霸权，是野蛮行径，是不人道的。但我想，打了也不能白打，痛就让他痛吧，打在儿身痛在娘心，就让我们都长点记性吧。

说偷看了有奖

　　我在厨房忙活，快快过来说要背书给我听，还要家长签名。我说这里有油烟，你别过来，就站客厅背吧。在我背过身去烧菜的当口，他非常流利地把书背了。背得非常快，像偷东西似的。然后捧着书，指着课文的题目，让我在那儿签名，并写上"已背，流利"几个字。

　　我说："你刚才偷看了。"

　　他说："没有。"

　　我说："说真话有奖。"

　　他说："真的没有偷看。"

　　我说："说偷看了有奖。"

　　他说："偷看了。"然后问我奖什么。

　　我没有晕过去。我说过有奖就真的有奖。你只要说真话，妈妈就有奖。生活也会给你奖。

他很好奇地问:"妈妈你怎么知道我偷看了?"

我告诉他:"你是妈妈生的。你在我肚子里的时候,我们可是心心相印的。你的心和妈妈的心同时跳动。母子之间是有感应的。谁做的事情,坏事也好,好事也好,瞒得过别人,都瞒不过自己的母亲。"

他不响了。很认真地把刚才的课文又读了好几遍,再来背给我听。这一次并不流利,但是真的会背了。我高兴地给他签名,并写上"已背,背得很有感情"。

他以为这就是奖品。才不是,我的奖品是给他一次请客的机会,由我烧饭做菜,由他请同学。想请谁就请谁,想吃什么就吃什么。吃完之后,还可以去卡拉 OK。我要让他明白,说真话有好处,说真话能让人睡得着,吃得香,过得开心、自在。

但他说:"妈妈,我知道的。有些真话也还是不能讲的。比如说客人到我们家来,她真的很胖,我们也不能说她胖。因为她不喜欢我们说她胖,对不对?"

我表扬他能够一分为二地看问题,任何事情,都要分场合、分对象,要因事而论、因时而论。

我跟他说:"这个是礼仪,是礼貌。我们不能过多询问或者评论他人的外表、着装、经济来源、家庭状况等个人、私人的东西。"

他接着问："为什么大人都互相赞美，而不互相批评呢？难道大人说的都是真话吗？"

这个我也不觉得很难回答。

我跟他说："赞美也是一种礼貌。我们要多看到对方的优点、特长，可以向对方学习，改进我们不足的地方。彼此赞美也是一个彼此学习的过程。所以，谁也不会把这种礼貌性的赞美当作是对自己的认证，而会把它当作对方给出的善意的鼓励。而批评，会在真正的朋友之间产生。朋友之间应该互相提醒，善意地指出对方有些不得体的行为。更何况，每个人都会有家长、老师、社会来批评他，如果做出伤天害理的事，大家都会唾弃他，法律也会惩罚他。"而有些时候，真话还要说得好听，说得巧妙，才更能发挥真话的优势。

"那是在什么时候呢？"快快显然很好奇。

"比如说，有一次，妈妈问你作业做好了没有，你说做好了。妈妈让你把作业拿过来检查一下。你就觉得妈妈不太信任你。所以，妈妈想了想，就说请你把作业拿过来让妈妈欣赏一下，你就很高兴地拿过来了。你看看，前后有什么不同呢？"我问他。

他好像突然想起来了，自己咧开嘴笑了。

他说："妈妈把检查两个字，换成了欣赏。检查就好像对我很凶的样子，欣赏就是赞美我了。"

237

　　我分析给他听："是这样呢，为什么妈妈要充当检查者的角色呢？妈妈应该从审美的角度来欣赏一个小学生的作业。"

　　"作业有什么好欣赏的呢？"快快问。

　　"作业有的是值得欣赏的地方啊。比如说，你的字写得很端正，很有力度。你的句子造得很优美，说太阳落在江面上，像撒了许多橘子皮。夕阳的颜色，江水泛起的波澜，都很像皱皱的橘子皮呢。你的作文写得也有创意。你希望风筝飞到天上去再也不回来，就跟月亮做邻居。这些不值得好好欣赏吗？不但值得欣赏，而且还值得妈妈学习呀！而那些做得不太好的地方，比如有些字写得大，有些字写得小，还有一些错别字，这些妈妈也会帮你找出来的。你也很乐意改正的，对不对？每个人都喜欢自己做得尽善尽美，但每个人也都不喜欢只有检查，没有欣赏。你看，我们双方是不是都很高兴呢？你被欣赏了，我也完成了对你作业的检查，只不过是换了两个字而已，真话还是真话呀。"

　　快快点点头，很开心地笑了。

爱上学的小快快

快快从班级 QQ 群里点出一张全班春游的集体照，跟我说这个同学很好玩，那个同学真有趣。把全班三十六个同学的性格特征、兴趣爱好一个一个简单地向我描述了一遍。特别喜欢的那几个，说着他们的名字的时候，还一个劲儿在地板上蹦。我仔细聆听了，他们班同学确实可爱。

完了之后，他看着我，问："妈妈，如果那么多同学由你挑，你会挑选哪一个？你会挑我做你的孩子吗？"

我拿鼠标点了点他，一把抱住他："那还用说，当然是选你啦！"

"为什么呢？"

"因为你最可爱！"他满脸开心的神色，又翻开班级留言给我看。

　　他那么爱学校。每天回来都有好多趣事要说。

　　说语文老师告诉他们写作文要做到"凤头、猪肚、豹尾"。他详细跟我解释：作文的开头，要像凤凰鸟的头那样美丽、精彩；作文的主体，要像猪的肚子那样有充实、丰富的内容；而作文的结尾，要像豹尾一样有力。我假装第一次听到，表扬他说得太好了。按照这样的要求去写作文，作文一定能越写越好。

　　他点了点头，接着马上就忍不住地笑，笑到肚子疼。

　　我说有什么好笑的呀。他才停住笑，跟我说："妈妈，好玩的是，有一次，老师说得太快了，就跟我们说，同学们，老师告诉过你们，写作文要记住六个字：猪头……她把凤头说成了猪头，全班同学都笑昏倒了。哈哈哈哈……"

　　哈哈，这确实好玩，我也被他逗笑了。

　　他又回来跟我说，学校的菜园丰收了。

　　下午放学以后，他们班每个同学都到校门口卖菜了。他们学校自己有一块地，各个年级的老师带领同学们种菜、收菜，已经有好几年的历史了。

　　我也去看过，种得还真不错。各种蔬菜都有。茄子、西红柿、冬瓜、南瓜，连甘蔗都有，都长得郁郁葱葱的，相当精神。每天下午都有一节自由活动课，老师就会带他们去每个年级自己的菜园里，施肥、浇水、拔草，忙得不亦乐乎。等到菜成熟了，又组织同学们去收割，然后统一拿到校门口去卖。家长们、路

人们都可以来买菜。

我问快快:"你卖了什么菜?"

快快兴奋地告诉我,他卖了好几把葱,好几把青菜。

我问他:"卖多少钱一把? 你是怎么吆喝的呢?"

他说:"全部都是一块钱一把。我就说,卖青菜啰,卖青菜啰,走过路过不要错过! 很好吃很好吃的青菜啰!"

"那卖菜卖来的钱干什么呢?"

"当然是交给老师啦。因为要买新的菜种。剩下的钱,就作为班级里的活动基金。"

这真是不错的。城里的孩子也该见识见识蔬菜们都长什么样。从一粒种子到有了收成,相信他们会有一个期待的过程,也体验了种植的辛苦和喜悦。校园不可以这样吗? 一边是书声琅琅,一边是青青菜园。

还有一部分蔬菜就给了学校食堂,孩子们能吃到自己亲手种的蔬菜,这有多么好。老师还布置作业给他们,去观察菜园里的蔬菜的长势,回来写菜园日记。还要给菜园起名字。每个学期换一个名字,取了好名字的同学会得到老师的表扬、同学们的羡慕。

快快又跟我说,语文老师是班主任,所以语文老师最厉害了。数学老师不是班主任,所以很温柔。音乐老师太漂亮了,大家都喜欢上音乐课。美术老师喜欢安静画画的同学,走来走去的就不喜欢。有些同学故意向其他同学借颜料，故意走来走去，还把颜料不小心涂在其他同学脸上，还笑。形体课的时候，班长跳舞跳得太好看了，大家都不跳了，都看班长跳。老师说谁不跳，下课留下来跳。班长就领舞，指导我们跳。班长对我们都很好，老师要批评我们的时候，她都先帮我们。

他又跟我说，老师允许每个同学带一种点心到学校里去。早上两节课后，大家可以拿出来一起吃。同学们还经常换着吃。我问他换着吃是不是特别好吃？他说好吃极了。他昨天用好丽友派跟班长换妙芙蛋糕吃，今天用酥饼跟班长换沙琪玛吃。我说，你怎么都跟班长换呀？他说，大家都想跟班长换。

每天回来，快快都有说不完的事情，叽叽喳喳，叽叽喳喳。学校生活对他来说，真是太美妙了。

有个头痛脑热啥的，都不肯请假，哪怕一个上午，一个下午。一回来，就跟我嚷嚷："妈妈妈妈，今天校长到我们教室来了。""妈妈妈妈，今天电视台来拍我们学校啦。""妈妈妈妈，我们同学是不是很可爱啊。"

我说是啊。他还是不忘了问一句："那我是不是最可爱啊？"我忙说："那是，那是！真是个爱上学的小快快！"

世界上只剩下三个人

我们三口之家,每人配备一张书桌、一盏台灯、一台电脑、一张床。当老师的要备课,当学生的要写作业。各自忙完各自的事情之后,我们会躺在各自的床上看会儿书。静静的夜里,只听得到各自翻书的声音。

这时候,快快会一边翻书,一边幽幽地说:"世界上只剩下三个人。"这当然又是一条妙语,我又如获至宝地记下来。

我们中途休息一下,吃点水果,做几个仰卧起坐,又继续各自看书。

等要睡觉的时候,我们又聚集在一起。我们就像三条小支流,时而分开,时而聚合。分开的时候,充分享受各自的自由,互不干涉,互不侵扰。聚合的时候,彼此谈论谈论,探讨探讨。我们从小让快快学习自由地表达,想说什么就说什么,而且要把话说清楚，说好。快快也是一个参与意识挺强的小孩，什么样的话题他都不抗拒。他会静静地聆听，做出自己的分析。完全是个小主人。

在书里面看到了好吃的，他会说："我真想把书都吃了。"在书里面看见好玩的地方，他就会憧憬着什么时候也去玩。

看完法布尔的《昆虫记》，他捧着肚子大笑那个屎壳郎，竟然把刚生出来的孩子藏在粪球里。因为小屎壳郎需要养料，而对于屎壳郎来说，最好的养料莫过于粪了。

我还跟他扮演了一对屎壳郎，他是男屎壳郎，我是女屎壳郎。我们互相遇见了，我抱着他说："亲爱的，你好臭，我好喜欢你！"他把两只手指放头上当触角，晃了晃，跟我说："亲爱的，你比我更臭，我更喜欢你！"演完之后，我们又笑得不行。

百看不厌的当然是《西游记》了。最小的时候，看的是动画版本的，有立体的插图。他会把孙悟空的每一个动作都学一遍给我们看。他扮了扮鬼脸，把手放在头顶，做远望状，说："这样就是孙猴子。"然后，把手搁在下巴，做撒娇状，说："这样就是白骨精。"

有一个带拼音的儿童版《西游记》，他看了封面就不喜欢，自己一个人在那里嘟哝着："把唐僧么画成猪八戒，把猪八戒画成了大象。沙僧么，变成了黑猩猩。把孙悟空么画得跟小狗似的。把白龙马画成了驴。把妖精画得这么难看，把观音菩萨

么画成了丑八怪。"

我听了,过去看了看,果然画得不够形象,不够美。在他心目中,妖精应该是妖媚动人的,观音菩萨更应该美丽端庄了。孙悟空这么威武,怎么可以画得如此渺小。看来,小人儿也有一套自己的审美观呢。

看完之后,他还要评论。他愤愤不平地跟我们说:"唐僧和观音菩萨太坏了,他们一起骗猴哥。猴哥这么相信他们,他们还骗他。"

我问怎么回事。他接着说:"观音菩萨给猴哥一顶很好看的帽子。猴哥高高兴兴地戴上,没想到,帽子就变成了紧箍圈。唐僧为了试试看紧箍咒灵不灵,就咿咿呀呀念起来,紧箍圈越来越紧,孙悟空越来越痛。"

这,这,这,面对小孩还真不好回答呢。我只好对他说:"他们也是为了猴哥好。如果没有观音菩萨和唐僧的苦口婆心、用心良苦,就没有猴哥后来的一番成就。如果他老是东游西逛、无拘无束的,一会儿到天上去跟太上老君下棋,一会儿到东海龙宫去跟龙王喝酒,那么就没法帮助师父取得真经了。"

快快想了想,才又不说话了。但他觉得无论如何大人不能骗小孩。因为小孩是很相信大人的。

他现在又看上了大人版的《西游记》。他看不清楚那么密密麻麻的字,自己拿来一个放大镜一行一行地看。书太厚太重,托不住,他用一个铁书签把页码固定住,一页一页地翻。

果然原著又另有精彩。他看到有趣的地方会大声念给我们听。

悟空道:"我今姓孙,法名悟空。"众猴闻说,鼓掌忻然道:"大王是老孙,我们都是二孙、三孙、细孙、小孙,一家孙、一国孙、一窝孙。"

我们也听得笑起来。

《西游记》真是情趣盎然又意味深长,不愧为古典名著,孩子都那么爱看。孩子爱看的书真是错不了。他们才不管你是畅销书还是名著呢,喜欢就是喜欢,不喜欢的照样不喜欢。

就这样,从小到大,他还真看了不少书呢,《三国演义》《封神演义》《水浒传》《三十六计》《一千零一夜》《小王子》等等。他是一个好动的人,几秒钟都不能停下来,总是在动个不停,就是睡觉都要转来转去。只有一件事情能够让他静下来,那就是看书。看书的时候,他完全沉浸在书香之中,完全理会不到外面的世界。

这边的幼儿园是不允许老师教孩子认字、写字的,我们也没有强硬地教他认字,但幼儿园毕业的时候,小学一年级需要学习的字中,几乎百分之七八十的字他都已经认得了。

究其主要原因,就是因为看书。书看得多了,字自然而然就认得多了。一个一个字不就是一个一个朋友吗?跟朋友见

面多了,就成了好朋友了。成了好朋友了,自然对朋友的点点滴滴都耳熟能详了。其实,不必强迫孩子去认字,而应该让"认字"这一项任务完成于无形之中。让孩子不知不觉地在愉快的阅读之中就完成了这一项任务。

到了小学发现,有了一定阅读量之后,他做起语文试卷里的阅读理解来就能够得心应手。作文就更不用说了。要想作文写得好,阅读是关键。

作文怎么写?千说万说,不如到书本中去找。阅读量多了,就好比源头有了活水,自己写起来就能够叮叮咚咚、源源不断了。而且,看的书多了,他就学会了思考。对于书中的人物,他会有自己的看法。

书看下去,心意就满出来。他有了想要说出来跟大家分享的欲望。这时候,再加以点拨,他就能够滔滔不绝地表达自己的观点。有时候,他还会很有兴致地要跟爸爸妈妈一起把书里的内容演出来,其实通过演绎的过程,他等于是有了自己的创作和加工,完全成了有着独立思维的小作者。

看书,从来都是一桩美事。每天都能够安安静静地陪着孩子翻看几页书,留一个专注的背影给孩子,也留一份充实的心境给自己,这真是美上加美的事。

我们还有脚啊

杭州的节假日真不应该出门啊,西湖边满大堆满大堆的都是人。但是快快跟他的小伙伴约好了在这里划船,他们也只有双休日才有空啊。

坐车要等,划船要等,上洗手间也要等。懊恼的是,想要回家的时候,接连而过的好几辆公交车已经满得挤不进去一个人了。到了站点,司机连门都没开,就继续往前了。摆摆手,示意我们等下一辆。

等到下一辆吧,又满了。再等到下一辆吧,门是开了,但也是挤得很。哪有座位,站位都要没有了。带着孩子在这呼吸不畅的空间里会闷过去的,想想算了。

那就打的吧。挥一挥衣袖,好久都没有拦下来。终于拦下来一辆吧,原来人家早就拦过去了。

那就骑小红车,也就是杭州的公共自行车。可是看了看,带小孩座位的小红车一辆都没有。

怎么办呢?看着路上堵车堵的,那些私家车都寸步难移。哎,好灰心啊。我跟快快唠叨,在杭州,选择任何一款交通工具都是绝望的。在节假日尤其是高峰期,整个的交通根本就是瘫痪的。

我拉着快快的手,站在马路边,无计可施。快快抬起头,坚定地对我说:"妈妈,我们还有脚啊!"说着,拉起我,大步大步地往前走。

就像电影里的快镜头,我们的脚步飞速向前移,一辆辆蜗牛一样爬行的车子飞速往后退。我们穿过车流,走小道。穿过店铺,走后门。绕进曲院风荷,走向杨公堤。满园子的小荷初开,含香脉脉,伴着远处假山旁传过来的越剧声,真是好听又好闻。我们坐下来,静静欣赏,快快去抓小蜻蜓。

我问快快:"你累吗?"

他说不累。他还说:"妈妈,小时候,我们一起爬五云山,五六个小时我也不累呀。这一点路怕什么?"

哈哈,我想起来,那个时候,我们全家去爬五云山,带了二十个包子,一大瓶可乐瓶的水。全程五六个小时,走走停停,快快还是爬得最快的。一个劲儿地往上蹿,停在半山腰朝我们喊:"爸爸妈妈,走快一点啊。"

而更多时候，我们好像很少用到我们的腿脚了。出门有车，在家就坐着。坐着看电视，坐着上网。甚至有朋友跟我说："没有网就等于没了头，没有车就等于没脚啊。"可不就是，现代人不个个都是电脑控么？一旦没了网络，就整天六神无主、没头没脑的，不知道干啥好，分分钟过不去。如果没有车，那根本也是举步维艰了。

想起苏芮唱过的那首歌："谁能告诉我，谁能告诉我，是我们改变了世界，还是世界改变了我和你？"是人类发明了网络，也是人类被网在了网络中央。是人类发明了车，也是人类被堵在了车中央。

多么好啊，有一个小学生告诉我，我们还有脚。脚是拿来走路的。所有的交通工具都有可能失灵，而我们的脚一直都在等着我们。它不需要蓄电，不需要加油，它是自然而然的，天然存在的。

造物主已经多么细心而巧妙地帮我们设计好了身体上的这个神秘而多功能的硬件。而我们却往往弃之不用，自以为是地去开发越来越多的人造硬件。在获得了偷懒的便捷的同时，也把自己的手脚给束缚了。

在这样深刻地思考着的时候，我们已经走过习习凉风中的荷叶荷花香了。高峰期过去了，公交车空了，的士也打得到了，带小孩座位的小红车也多起来了。

快快跟我说："妈妈,现在任何一种交通工具都在等着我们。"是呢,是呢。何必轻易就绝望呢,还是要向小学生好好学习呀。

宝贝,你指给我看的世界,别有洞天!

"我妈妈喜欢你们的"

快快很喜欢学校。每天起床,嘴里嚷嚷着:"哇,又可以到学校去了。"下午放学了,不愿意马上回家,还要在学校待一会儿。在教室里写写作业,跟同学们一起追追跑跑。我去接他,好久他才下来,一边还跟同学聊着天。

看见我,马上跟他同学介绍:"这是我妈妈,我妈妈什么菜都会做,我妈妈做的菜好吃极了!我妈妈还会做麦饼,里面是芝麻红糖馅儿的,还有猪肉咸菜馅儿的,好吃得不得了。我妈妈还会包饺子,里面是猪肉、四季豆、虾皮,太鲜美了!"

然后摇着同学的手:"你到我家玩嘛,我们一起写作业,好不好?"

回头又跟人家家长说:"叔叔,你就让他到我家去嘛!你等会儿到我家来接他!"

人家家长不好意思地说："不太方便吧。"

快快赶紧回答："方便的,方便的。"同学也高兴跟他在一起,就这样一起到我家来了。

有时候,爸爸去接他,他能带好几个同学来。

一到家,又向同学们介绍："这是我妈妈。我妈妈喜欢你们的。你们快点进来吧。"一边吩咐我："妈妈,这是谁,这是谁,这是谁。给我们三份蛋炒饭,三份酸奶。妈妈辛苦你了!"

呵呵,压根儿把家里当饭店了,把妈妈当服务员了!我就遵命去炒蛋炒饭,每人配备一罐酸奶。吃完了,跟同学下军棋,打弹珠,跳绳,仰卧起坐,看看书,玩点小游戏,真是逍遥自在。

同学要回去了。他又舍不得了,说:"还早还早,你们再玩会儿嘛。"

我跟他说:"你们天天相见的呀。明天又可以见面了哦。"这才放同学走了。

小嘴巴又在那里叫着:"下次再来啊,我妈妈喜欢你们的。"真是让人哭笑不得。

等同学走了之后,我跟他说:"妈妈很喜欢你跟同学在一起。看到你们在一起玩,多开心啊。妈妈读小学的时候也像你一样老是跟同学黏在一起呢,就像糯米团一样,黏在一起,分都分不开。"

"妈妈,你小时候也喜欢跟同学在一起啊?"他非常好奇地看着我。

我告诉他："是啊,妈妈小时候也是一个爱玩的孩子。跟几个要好的同学也会玩得很起劲。那时候,经常玩的两个小伙伴,现在好久没有见面了,也不知道她们过得好不好。我们也像你们现在这样,躲猫猫啊,跳皮筋啊,跳山羊啊,每天一放学就聚在一起玩,到其中一个人家里去玩,玩得都忘了回家了。后来我们看了小人书,知道刘备、关羽、张飞是很好很好的朋友,他们在一个桃花盛开的地方结义了,就是成为结拜兄弟。我们也感觉我们三个人好得不行了,一定要有一个仪式纪念一下。我们就学着桃园结义,找来一个香炉,是同学的奶奶拜佛用的,又找来三根香,点起来。我们三个人跪在地上,每人手里拿一根香。嘴里面说着:'不求同年同月同日生,但求同年同月同日死。'然后站起来,把香插到香炉里去。那场面庄严得不得了。"

这样想起来,谁没有童年往事呢。童年是多么纯真无知,多么憨痴可爱啊,同学和同学之间的感情是那么真挚可贵。

快快听得眼睛亮闪闪的:"妈妈,你们也太浪漫了吧。"哈哈,好玩吧!

第二天,我去接他,他又在校门口兜售了:"到我家玩嘛,我妈妈烧菜很好吃的,我妈妈喜欢你们的。"回过头来,跟我眨眨眼。

我又想起,我小时候,几乎天天都要到同学家里去玩。几个同学约在一起,一起吃零食,一起看小人书,叽叽喳喳,叽叽喳喳,怎么就有那么多说不完的话呀!

尤其是在快快生日的时候,那可不得了。整个家都被快快的同学们塞满了。欢声笑语、嬉戏玩乐,这边角落里在下着弹子跳棋呢,那边女孩子们在给芭比娃娃穿衣服梳头发,还有一堆在卧室里捉迷藏,藏到走入式衣柜去。还有一拨在玩着切西瓜的游戏,竟然也有几个在双层床边静静地看书。

吃饭的时候,我们一起包饺子,唱生日歌,一起吹蜡烛。吃完了,又开始玩,根本就不知道时间了。他们还拉着我跟他们一起捉迷藏。

玩着玩着,爸爸回来了,笑我:"你也跟他们玩,碗也不去洗?"啊,我这才想起还有二十多只碗没有洗呢。

哈哈,玩得好开心啊!

第二天我去接快快,又有几个小朋友围上来,跟我说:"阿姨,我想到你们家去。我喜欢你们家,快快就是我们的开心果!"又听见快快高声喊道:"去啊,去啊! 我妈妈喜欢你们的!"

世界上最长的吻

我早上醒来亲快快，"呜——"，持续了好几分钟。

然后放下他说："这是世界上最长的吻。"

他不屑地说："看我的！"亲我脸颊上多了一倍的时间。

我故作嫌弃状，把他推开："My God，赶紧洗脸去，这口水嗒嗒的！"

快快故意很夸张地笑倒在被子上。

有人觉得孩子可爱，竟然感叹道："真不想把他养大啊！就让他这么围绕膝下该有多好啊！"我也有这样傻傻的念头。

我多么贪恋初为人母的感觉。在怀孕的时候，我一点都不会嫌弃行动的不便，对于一天大似一天的肚子，我有的只是欣喜和满足。甚至孕期反应，对于我来说，都是那么好奇，那么有意思。

及至生下来,我有一种似曾相识所以一见如故的感觉。很亲很亲的感觉!好像我一直憧憬的就是他,就是这样的眉眼、这样的嘴角,没有比这样更好的安排了,这真是天造地设。

虽然他经由我的身体得到了孕育,但是这绝对是自然的伟力,我并没有多做些什么呀。他就这么从我的身体里面破壳而出了,这个世界上就多了一个人。

我也很怀念给他哺乳的感觉。我们四目相对。

我相信书上说的,哺乳的时候,母亲的眼睛看着孩子,孩子吸收到的不仅是汩汩不绝的乳汁,更是源源不绝的母爱。

其实哺乳是挺累人的,很是消耗精神和体力。他就像一架小小的抽水机,不断抽取着由我的心血汇聚而成的乳汁。

但我是那么快乐,因为我被时时刻刻需要着,须臾不能离开的那种需要。如果没有哺乳,他就会哇哇大哭,他就会没有食物,不能生长。他是那么全心全意地依恋着我,我是那么全心全意地奉献给他。

正想着这些呢,快快冲过来说:"妈妈,我给你一个世界上最大的拥抱。"说着环抱着我,伸长双手和双腿,整个像无尾熊一样熊抱过来,双手双脚挂在我腰间、腿上。

我说:"我的拥抱肯定比你大,我用整个夜晚的月光来拥抱你。"

快快说:"我的拥抱肯定比你大,我用整个冬天的阳光来拥抱你。"

我说:"我的拥抱还可以更大,我用整个世界的空气来拥抱你。"

快快一下子没词了,想了想说:"我的拥抱最大。我用整个宇宙的时间和空间来拥抱你。"

哈哈,我们母子就是经常这么你一句我一句地斗嘴玩。

这么一斗嘴,我又想起他小时候,除了睡觉,我几乎时时抱着他。头三个月,还不能竖着抱,只能横着抱。因为脖子还没有长结实。我的两个手臂真是抱得酸痛极了!但我依然享受这怀拥一团温软的手感。他那么软,那么弱,那么依赖着你,信任着你。这是多么多么大的能量啊。

快快看着我傻傻的样子,问:"妈妈,你在想什么呢?"

"哈哈,我在想你小时候。小时候的你充满着奶香,妈妈每次把你洗好的小衣服叠好之后 ,都要重重地闻一闻呢!还有啊,你小时候的手臂鼓鼓的,就像一段一段的嫩藕,白白的、柔柔的,真想咬一口。"

快快也听得呆了,露出很向往的神色。他说:"妈妈,那我现在不可爱吗?"

"现在当然也可爱啊,每个阶段都有不同的可爱。妈妈就是看着你一年一年长大,一点一点长高的呀。最开始的时候,你住在妈妈的肚子里,我们虽然没有见面,但是我们的距离是

最近最近的。接着呢，你生出来之后，妈妈每天抱着你，给你哺乳，我们还是身体贴着身体。再后来，你慢慢长大了，能够自己走路了，就不要妈妈抱了。但我们还是时刻在一起。再长大，你就上幼儿园，读小学了，白天妈妈就见不到你了。以后你还会读中学，读大学，你住在学校了，妈妈只能在寒假、暑假见到你了。或者，寒暑假你也不回来，就像妈妈读大学时候一样，跟着同学去旅行，参加社会实践。再接着呢，你会有你自己的家庭和事业，你会忙得不可开交，妈妈见到你的机会可能就会越来越少。"

快快赶紧抱着我说："妈妈，你怎么越说越伤感呢？我一定跟你和爸爸在一起！我们一家人永远在一起！"

我笑着说："但是无论你在哪里，我们的心永远在一起。你依然像在妈妈肚子里一样，你有一颗心，我有一颗心，我们心心相映跳动在一起。孩子的独立才是对妈妈最好的奖励，妈妈依然留着世界上最长的吻和世界上最大的拥抱，等着你！"

快快憨憨地笑了。

你会忘记的

快快和同学一起玩,玩着玩着,不知怎么的,同学不高兴了。可能是不小心碰到了,同学跺了跺脚,生气地说:"陈快意,我再也不跟你玩了!"

快快笑着说:"你会忘记的。你明天肯定还会跟我一起玩!"

到了第二天,果然跟没事人儿一样,两个人又嘻嘻哈哈玩在一起了。

同学被老师批评了,躲在角落里哭。

快快上前安慰他:"别哭了!被老师说一下有什么关系?你会忘记的。就算被老师说死了,你也不是真正的死。你照样可以吃可以玩的呀!走,我们一起玩玩去!"

同学果然跟着他踢球去了,你一脚我一脚的,马上就破涕为笑了。

　　回家来呢,我看他满头大汗的样子,风呼呼地吹着,大衣却拿在手上。

　　我一下子就急了,这样很容易感冒的呀。"叫你运动之后,不能喝凉水,不能脱衣服。风一吹,就会着凉的,你知道不知道?这几天,多少人感冒了,请假了,在家里躺着呢。妈妈跟你讲的话,怎么就一个耳朵进一个耳朵出,怎么就不听点进去呢?以后都由着你去吧,不管你了!"我数落着。

　　快快连忙把大衣披回去,喝了一杯温开水,对我说:"妈妈,你会忘记的。你不会不理我的,也不会不管我的,我知道的。"说完故意扮着鬼脸给我看。

　　过了几天,我去学校接他。他刚刚练好武术,我一看不对,他远远地向我走过来,头高高仰着,路也看不太清,摇摇晃晃的,用手捂着鼻子。走近了,我才看清楚他鼻子出血了,鼻梁上还有淤青。

　　我忙问:"怎么回事啊?"

　　他赶紧又把手捂回去,说:"妈妈,不怪师兄,他不是故意的。"我想,总要问清楚是哪个师兄撞的,嘱咐他下次小心点。于是就问他是哪个师兄。

　　他就是不告诉我,不停地说着:"妈妈,他不是故意的。他已经向我道歉了。我没事了!"怎么会没事呢,流了不少的鼻血呀,虽然老师拿了点棉花球塞上止住了,但是可以想见这一撞可撞得不轻。

回到家,我跟他说:"你是爸爸妈妈的孩子,你受伤了,一定要告诉爸爸妈妈。不然,爸爸妈妈会非常担心的呀。所以,爸爸妈妈当然要知道事情的来龙去脉,你也要学会保护自己。"

在我的再三劝说下,他才告诉我,说是练武术耍棍的时候旁边的师兄不小心碰到他了。当时老师教的是360度的大耍棍,他还强调说就像孙悟空那样耍棍,结果师兄跟他挨得太近,他就被碰到了。那一定很痛啊,怪不得流那么多鼻血呢。

我心里想,这孩子太不会自我保护了。被同学碰到了,竟然还维护同学,不把名字告诉我。但也有些欣赏他那种不怕痛的精神。练武之人,磕磕碰碰也是常有之事。而且他还那么有担当,不会去怨怒别人。

我仔细看了看老师塞的棉花球,血是已经止住了,问题也不是什么太大的问题。唉,当时的那一记痛真是吃了苦头了!

我问他:"说真话,你痛不痛? 当时是不是很想哭?"

他说:"妈妈,没关系的,我会忘记的,马上就会好了。万一我下次也不小心碰到同学呢? 老师说武术练的是拳脚,更练的是一种精神,就是不怕苦不怕痛。同学们之间要互相帮助,不能互相埋怨。"

当天晚上,他早早就睡了,果然是累了。第二天又活蹦乱跳地去学校了。

　　过生日的时候,他请了十多个同学,吃饭都分好几拨,我给烧了两桌菜。快快小嘴巴挺甜,一个劲儿地说着:"妈妈,你辛苦了!"

　　我说:"看着你和同学们吃得这么欢,妈妈就高兴了。只要小寿星高兴,妈妈就高兴了,不辛苦!"

　　他马上就笑开了:"哈哈,妈妈,辛苦虽然很辛苦,但是你会忘记的。"

　　哇哦,似乎这话里还真有这么一点小意思。想想也真是的呢,哪有甜蜜不辛苦,哪有幸福不辛苦呢? 但是甜蜜和幸福会留下来,会记住,辛苦总是会忘记的呀。

　　我也想起在他很小的时候,大概三四岁的样子,我问他:"宝贝,你说是先有妈妈呢,还是先有快快?"

　　他想也没想,跟我说:"当然是先有妈妈啦! 因为是妈妈把我带到这个美丽的世界上来的!"

　　过了几天,我又问他:"宝贝,你说是先有妈妈呢,还是先有快快?"

　　他竟然变了答案:"当然是先有快快啦!"

　　我太好奇了,赶紧问他:"为什么呀?"

　　他说:"没有快快,谁叫你妈妈呢?"没有这辛苦这劳累,哪有妈妈当呢?

　　晚上睡觉的时候,我给他掖好被子。

他很认真地问我："妈妈,你生我的时候痛不痛?"

我笑笑说:"不痛啊,你很快就生下来了,所以叫快快。妈妈要谢谢你这么顺利地就来到这个世界。爸爸妈妈都盼望着你的降临,怎么会痛呢?"

他打了个哈欠,像在说一个秘密:"哦,妈妈,我明白了。痛肯定是痛的,但是你会忘记的。"

是啊,宝贝! 痛会忘记的,爱会永远记住。

整个地球都你管

天底下没有一个不爱唠叨的妈妈,天底下也没有一个不讨厌妈妈唠叨的小孩。

通常我是这样唠叨的:"衣服要穿暖啊!运动了不能马上脱衣服。听到了没有?每天记得多喝水。蔬菜和水果都是我们的好朋友,要多吃!妈妈煮冰糖雪梨给你喝,红糖姜茶也要喝。听到了没有?学会喝醋呀,喝点醋有利于健康,不感冒。葱、姜、蒜也是我们的好朋友,经常吃,不生病。红豆、绿豆、黄豆、黑豆都是我们的好朋友,米仁、红枣也要经常吃。不能挑食,营养要均衡。每天要吃三十种以上的东西。听到了没有?写作业的时候,别东看看西看看,要专心。做完之后检查很重要。字要写得端正,写得不端正,字就缺钙了。歪歪扭扭的,站都站不住。作文要认真写,不要偷懒。听到了没有?过马路一定要小心,一停二看三通过。听到了没有? 饭前便后要洗手,在学校午睡要认真睡。听到了没有? 跟同学要好好相处,不能吵架。听到了没有……"

每天都能听到我这样反反复复的唠叨,大多时候,快快都会乖巧地回答:"听到了。"有时候也会不耐烦:"妈妈,你什么都要管。吃饭要管,走路要管,写作业要管,睡觉要管,整个世界都你管,整个地球都你管!"

我一下子就笑了,跟他说:"宝贝,你就是我的地球,我不管你谁管你?"

快快天真地说:"妈妈,我是你的宇宙吧! 白天我就是你的太阳,晚上我就是你的月亮。"

"所以啊,妈妈要管你,只要把你管好了,就等于把整个宇宙管好了。"哈哈,我们这一对吹牛大王母子把一旁的爸爸给逗笑了。

快快带同学回来吃饭,一溜儿好几个,让我给他们每人炒一份蛋炒饭。一会儿就炒好了,一溜儿小碗排开,一个个吃得可开心呢。

我站在一旁,痴迷于他们的吃相,小孩子吃饭吃得这么认真,这么欢快呢!

快快竟然调皮地看着我,说:"妈妈,请你不要像摄像头一样看着我们吃。你可以去休息了! 谢谢妈妈!"同学们哄笑

一片。

于是我默默地微笑着走开了。

每天放学回来,我都想听听他在学校里的故事。

一来呢,学校里发生的事情挺有趣的;二来呢,也等于是听他汇报在学校都做了些什么。

低年级的时候,快快都会一五一十、饶有兴致地讲给我听。说到好玩的地方,我羡慕地看着他:"啊,你们学校真好啊!妈妈也想到你们学校去读书!"他就会露出无限自豪的神色。

后来呢,他渐渐地不想讲了。

再后来,他会说:"哈哈,妈妈,你又想遥控我了吧?以为我不知道啊?"好吧好吧,他有自己的小空间、小秘密了呀。同学和同学之间的小故事,老师对谁好,对谁不好,他不会和盘托出,已经有所保留了。

但是呢,他还是希望爸爸妈妈管着他。"爸爸妈妈,要是你们早上不一遍一遍叫我起床,我就会迟到的呀。迟到了,我就练不好武术了。"

"还有呢?"我逗他。

"还有,如果不是妈妈催着我写作业,我就会很迟很迟才能写好。因为休息的时候看书,看着看着就把作业忘了。还有晚上睡觉前我也会看书看入迷了,如果不是妈妈提醒我早点睡觉,我第二天就起不了床了。还有,每次爸爸都教我数学题,妈妈教我语文题,有什么不懂的,你们都能够把我教懂。还有,妈妈让我不要喝凉开水,尤其是冬天。还有,妈妈每天晚上都灌一个热水袋给我捂脚。还有很多很多。"快快一连串说了那么多。

"哈哈,这么说,还是很暖人心的哦。管你没有白管呀!"爸爸说。

"最好么,有时候管,有时候不管。有时候管得严一点,有时候管得松一点。有时候管得多一点,有时候管得少一点。有时候管得凶一点,有时候管得温柔一点。"哇,说得很有些道理哦。

那么,什么时候严,什么时候松,什么时候多,什么时候少,什么时候凶,什么时候温柔呢? 我倒是要讨教讨教这个小太阳、小月亮、小地球了。

"这个嘛,比如说,不能做坏事,不能打架,不能说脏话,这些严重的事情就要管得严,管得多,管得凶。不好好管,不从小管的话,那我成为一个坏小孩怎么办? 只能怪爸爸妈妈没有把我管好啰。还有写作业也要把我管好,万一我贪玩了,作业不好好完成,那就不是好学生了呀! 老师会批评的。"

"至于什么时候要管得温柔嘛。"他顿了顿,眨眨眼睛说,"妈妈你懂的。有时候一回家不想马上写作业,有时候累了,想休息一会儿。有时候在同学家里太兴奋了,玩得晚了一点。这

些,就要管得温柔一点。我还是小孩呀,小孩总要贪玩的。管得这么凶,我们就没有自由了呀。"

嗯,有道理。就这么说定了!

我跟他说:"其实,管你也不是那么好管的呢! 所以,爸爸妈妈也在学习呀。学习怎么更好地管理你。管一个孩子真不比管一个地球简单呢! 当然,管好了一个孩子,比管好一个地球,更令妈妈骄傲和开心!"

一路上都是好人

出来玩,快快感叹道:"妈妈,怎么好人那么多呀,一路上都是好人!"

我正恍惚着呢,问他:"哪儿哪儿呀,好人在哪儿?"我在乌泱泱的人群中到处找。

"妈妈,你看什么看?'好人'这两个字又不会写在他们脸上!"

"那写在哪里呀?"我好奇地追问。

"妈妈,你都没看见呀。刚才公交车上给我让座的叔叔,他给我坐,他就没的坐了,他只好站着,难道他还不是好人啊?"

"是啊,是好人。"我笑着回答他。

"还有在西湖边帮我们拍照的阿姨也是好人啊。如果她不帮我们拍,那我们怎么拍呀?自拍又拍不了全身,也拍不了这

么好呀! 还有,刚才告诉我们茶馆怎么走的奶奶,她帮我们指路,还说得这么详细、这么耐心,难道不是好人啊?"

是哦,这样想来,我们是多么幸福,我们每天都生活在好人堆里!

"还有哪些好人呢?"我继续问他。

"喏,在景区里给树和花浇水的伯伯,扫地的阿姨,给大家讲解景点的导游姐姐,这些都是好人呀。没有他们,我们就看不到这么干净而美丽的西湖,也听不到西湖的美丽传说。难道他们不是好人吗? 还有开出租车的司机,卖矿泉水的老板,都是好人。我们游着游着,口渴了就有水喝,走累了就可以打的。他们难道不是好人吗?"

对哦,对哦,怎么到处都是好人呢!

"还有呢?"我傻傻地缠着他问。

"还有,我们的钱包也没有被偷,我们的身体也没有被人撞到,说明大家都是好人。大家都是讲文明、有秩序的好人。"快快看着一群一群的游客,这样分析着。

哦,是呢,不要以为这些都是理所当然的。我们每天都要学会感恩。哦,多么幸运啊,这一路上都是好人。

"但是妈妈,这个世界上肯定有坏人! 这些坏人太可恶了!"快快忧心忡忡又愤愤不平起来。

"他们为什么这么坏呢? 他们为什么不做好人,而去做坏人呢？哎！做好人多开心，做坏人多不舒服啊。他们也不想想，大家都喜欢好人，都厌恶坏人的呀！"

"那就从我们做起，我们自己先坚持做一个好人呀。从而感染更多的人，让更多的人都成为好人。这样，好人不就越来越多了？我们不管这个世界有多少坏人，只要我们做好人，这个世界就多了一个好人了呀！"我这样开导他，他才又开心回来了。

"妈妈，那我们怎么做好人呢？"

"你想想呀。"

"那我们也向刚才那些好人学习，下次碰到老爷爷，我就给他让座。我也给别人指路，告诉他路怎么走。"

"对呀，做好人就是这么简单。只要你有一份好心好意，并且一心一意地去做，那么你就是一个好人呀。"

这么说着，快快马上捡起不远处的一个纸团，扔进了垃圾箱里。回头对我说："妈妈，维护西湖的纯净和美丽，就是一个好人应该做的。"

"对呢，正是那么多平平凡凡又普普通通的好人，一天一天、一年一年维护着我们生活的平安和美丽。在享用这样的平安和美丽的同时，我们也要成为平安和美丽的一部分，带给更多好人美好和快乐！这就是爱的传递、美的传递。"

正说着呢，西湖边的音乐喷泉按点盛开出一朵朵优雅的

水花。

　　"我的心中有一座湖,远山近水入画图。桃红柳绿春来早,客来客往船如故。山外山,楼外楼,留下浪漫爱满湖。天上明珠,人间西湖,多少美丽传说,风流千古……"我和快快也跟着唱起来,沉醉在这美妙的歌声之中。

　　"妈妈,我想做更好更好的人,做更多更多的好事!"

　　"那你就要努力学习,积蓄更多的能量,将来可以帮到更多需要帮助的人。那么你就能做更多更好的事了!"我这样鼓励他。

　　回家的时候,快快在出租车上睡着了,司机开得很慢很稳,安安静静的,也不说话,怕把他吵醒了。到小区的时候,我抱着快快进去,保安赶紧帮我刷卡开门。到家的时候,发现钟点工阿姨把我们家的玻璃擦得亮堂堂的,像没有装一样!

　　我想起快快说的,一路上都是好人!

　　是啊!一路上都是好人。好人在哪里呢?好人就在我们感恩的心里。好人在哪里呢?好人就在我们自己要做一个好人的信念里。

童年就要过完了

　　快快每天上学都是叽叽喳喳讲着话,蹦蹦跳跳背着书包,那么多问不完的问题,发表不完的观点,说不完的学校趣事。放学回来呢都是踢着小石子,唱着小曲儿回家的。

　　相当高兴啊,也不知道都高兴些啥,傻乐傻乐的。

　　人生一段无忧无虑、天真惬意的时光全在少儿期。晓得人事之后,就再也没有了。总是喜忧参半、患得患失、冷暖自知、无从说起。

　　所以你是希望他快点长大呢,还是慢点再慢点?

　　有一天,快要到儿童节了,快快回家跟我说:"妈妈,老师今天说我们没有几个儿童节好过了,让我们一定要好好珍惜,多参加学校里面的一些儿童节活动。"

　　然后托着小腮帮,看着远处,喃喃道:"唉,我的童年就要

过完了!"

我这么跟他说:"宝贝,人的一生好比是一条河流。这条河流很长很长,要流经不同的地方。这条河流也会不断地成长,它流过每个不同的地方就会呈现出不同的状态和风貌。好比我们门前这条钱塘江。它流过建德的时候叫作新安江,就是我们学过的那首唐诗《宿建德江》所写的'野旷天低树,江清月近人'那个美丽的地方。接着它又流过了富阳,这时候它的名字叫作富春江。流到我们门前的时候就叫作钱塘江了。由于它曲曲折折的'之'字形状,它又被叫作之江、折江。它可是我们浙江的母亲河。人也一样啊,每一段时节都有不同的经历,都有不同的感受,都是值得去体验的呀。"

快快嘟着小嘴说:"可是妈妈,我就是喜欢童年呀。我不想告别童年。我喜欢童年一直流下去,流不断。"

我摸了摸他的头,笑着说:"童年是多么美好的两个字啊。多少人赞美自己的童年,留恋自己的童年。"

快快轻声哼起来:"池塘边的榕树上知了在声声地叫着夏天,操场边的秋千上只有蝴蝶停在上面……"

我也跟他一起唱起来。"这也是妈妈小时候听过的歌呢。童年的岁月是一个人初始的地方,就像水流的源头。无论我们走得多远,流得多长,我们会一直记住那个出发的地方。如果没有源头,水怎么流呢? 如果没有童年,我们也不会长大呀。

童年是我们一生的源泉和养料。美好的童年就是我们一生最美好的开端。"

快快问:"妈妈,童年过去了,就再也没有了吗?"

"属于你自己的那个童年过去了,就没有了。就像水流一样,流过这个地方,就往前流去了,再也不会回来了。但是只要水流过的地方总是会留下痕迹的呀。你看,岸边的植物长得更青翠了,花儿也长得更娇艳了,还有,庄稼也长得更加结实了。水流过去了,却留下了一路的滋养。而你的童年流过去了,也给你的将来留下了美好的铺垫和回忆。你的一生踏在快乐的童年之上,走得稳当当,也走得坦荡荡。"

快快说:"妈妈,我们还留下了很多的照片和视频啊。还有幼儿园老师给我们每个人写的毕业祝福。还有小学同学留下的合影留念。"

我神秘地跟他说:"其实,你还会有童年的哦。"

快快眨眨眼睛问:"妈妈,真的?"

"当然是真的呀。你看,妈妈现在就有了第二个童年。妈妈童年的往事很多都已经记不得了。但是妈妈生下了你,跟你朝夕相处,我似乎又回到了我的童年。我等于获得了第二个童年。谢谢你给了妈妈第二个童年。将来等你有了小孩,你也会拥有你的第二个童年。第二个童年也很有意思哦,它会唤起你对第一个童年的美好的感觉。而且,看着孩子的童年,你会更

加快乐。因为长大之后重新回到童年,就好像游子重新回到家乡一样,故地重游、故人重见的感觉别有一番滋味在心头。"

快快点点头,总算有些释怀了。

"那妈妈,还有什么办法能够重新回到童年呢?我想天天都回到童年。"

"你可以一直带着童年走啊。虽然你已经长大了,而且会越长越大,长成少年,长成青年,长成中年,甚至到了老年,你如果始终保持着一颗童心,那么你的心里始终住着一个孩子,一个童年。那么你一辈子都拥有了你的童年了呀!"

"那妈妈,怎么才能保持一颗童心呢?"

"童心可是这世上最可贵的东西。好奇、探知,不断地求索。纯真、善良,始终泛着人性最初的光芒。少一些世故,多一些可爱,那么你就永远拥有童心了呀。即便老之将至,你也依然童心未泯呀。"

快快的眼里露出了闪闪的向往的光芒。

后记

做一个不焦虑的妈妈

荷花尚未谢，桂花已飘香。眼下正是秋水长天的好季节。去看看每一朵花开，然后回来做自己的事情。或者在看的同时，我们已经想通了一些事情。育儿的事情，也同样如此。

这几天，追了几集《小别离》，心里面很是堵得慌。整一部剧中，没有一个人不焦虑，家长、老师、孩子，原先只记得高三黑暗，现在看来初三的日子就够黑暗的了。为了让孩子能考上一个好高中，家家户户全乱套了。更让我觉得可怕的是其中这样一幕：海清饰演的朵朵妈怀疑自己的女儿方朵朵在谈恋爱，半夜三更起来拉着黄磊饰演的朵朵爸一起翻朵朵的手机看。输了几个密码都不对，朵朵爸提醒还可以用指纹验证。朵朵妈就催着朵朵爸拿着朵朵的手机到朵朵房间里去。正在熟睡中的朵朵根本不知道爸爸已经拿着她的手指成功验证，手机被解锁。后来是朵朵妈不小心踩翻了什么东西,才惊醒了睡梦中的朵朵。朵朵一头雾水看见自己的父母在自己的房间里。朵朵妈竟然"急中生智",扮作梦游症患者,一跳一跳地回到了自己的房间。

这简直都用上了谍战剧里的桥段,侦探剧里的剧情了。这真是让人胆战心惊。父母跟孩子之间已经成了这样的敌我双方,各种武装各种戒备,各种侦破和反侦破。后来,朵朵妈为了阻止女儿在网上写小说,又在网上扮作男粉丝,终被女儿识破。我想说的是,中国的妈妈是有多么焦虑啊!她们含辛茹苦、望子成龙、望女成凤,她们几乎把所有的心思都放在了儿女身上,一心一意、百折不挠。

然而,你有想过孩子的感受吗?剧中,朵朵妈无数次地跟朵朵说:"你要相信,妈妈爱你,妈妈非常非常爱你。"是的,这份母爱,毋庸置疑。但是太沉重,也太轻飘了。于是,我禁不住又一次翻看了《窗边的小豆豆》:

一般来说,学校对学生们的盒饭有所要求时,会这样对家长说,"请注意不要让孩子养成偏食的习惯",或者"请注意营养的全面和均衡"之类,但巴学园的校长先生却只是这样拜托家长们:"请让他们带来海的味道和山的味道。"

既没有星星,也没有月亮的露营。但是孩子们在小小礼堂里的露营,却使他们从心底感到满足。那天晚上,天上繁星闪

烁,月光如水,温柔地包裹着礼堂, 那光辉仿佛永远在闪耀。

我想即便多少年以后我们都不会忘记巴学园里的电车教室、礼堂露营,以及校长先生对食物的诗意称呼——海的味道、山的味道。是的! 教育不仅仅是爱的教育,它还是诗的教育,美的教育,富有创意的教育,开放的甚至是飞翔的教育! 它要给被教育者自由的空间,给他们美与希望,给他们对于过往的喜悦以及对于未知的憧憬。

我们完全有更巧妙的姿态面对我们的孩子,我们完全可以做一个漂漂亮亮的妈妈,游刃有余地教育我们的孩子。对于自己和血而出的作品,对于自己一手带大的孩子,我们应该要有作为人母的自信、勇气和智慧。一个温柔而坦然的妈妈,站在那里,就已经是孩子的榜样了。而一个焦虑而慌乱的妈妈,只能给孩子带来更多的焦虑,更深的恐慌。

孩子早恋了,能否坐下来细声细气地跟孩子讲讲自己的初恋故事? 孩子考差了,能否拿过孩子的试卷,自己做做看? 如果做得比孩子好,就去教教孩子呀。如果做得没有孩子好,能不能这样跟孩子说:"宝贝,其实你已经很不错了,妈妈考得还不如你呢。"孩子喜欢玩游戏,那就陪他玩玩看,从他的角度看看游戏到底好不好玩。孩子偷懒不做作业,那么就罚他出去旅游,看风景。当然,要交一篇长长的游记回来或是把风景画成一幅油画,谱成一首歌曲,三选一都可以啊。这样都可以吗? 为什么不可以呢? 我想,女人独有一份天真、可爱、烂漫的情怀,为什么不奉献一些给我们的孩子呢? 为什么不允许自己孩子气一点跟自己的孩子一起成长呢?

我想,不管什么关系,师生也好,夫妻也好,父母与子女也好,兄弟姐妹也好,亲戚朋友也好,它的最佳状态都是知音关系。那么,妈妈和孩子也可以成为一对知音呀,互相欣赏,彼此懂得,没有逼迫,只有吸引。我相信,没有一个朵朵喜欢妈妈那样防贼一样地管着她。我也相信,只要妈妈们用心浇灌,智慧点拨,假以时日,都能够开出花儿一朵朵。

感谢钱淑英教授为本书作序,我们是大学同学,我喜欢她的知性和优雅,并仰慕她的学术才华。我要向她多多学习。也感谢快快写的小序,妈妈就这样一直傻下去,好不好? 感谢张婴音老师和涂国文先生,谢谢你们的鼎力推荐。我想,有了你们的鼓励,我将做得更好。谢谢叶泽雯,本书的责编以及封面设计者,我们总是有商有量,心有灵犀。

最后说一句:世界那么美,我要看花开。成绩会有的,前途也会有的,放开手脚,孩子才能飞得更高。

郑春霞

2016 年 9 月 27 日于杭州钱塘江畔